杨林成 编著

这些知识不太冷
——100个最容易出错的自然人文常识辨正

『字斟句酌』丛书

上海教育出版社
SHANGHAI EDUCATIONAL PUBLISHING HOUSE

2022年新版说明

这本小册子,原本是上海咬文嚼字公司策划出版的"咬文嚼字文库·慧眼书系"之一种,初版于2015年,当时书名叫《常识百点》。内容讲的是图书、杂志、报纸等出版物中常见的100种左右知识性差错,这些差错在历次编校质量检查中频频现身。本书编写的初衷,是给广大的语言文字工作者,尤其是编校人员提个醒,以期增强对这类习焉不察的知识陷阱的辨别力。

本书现改由上海教育出版社再版,列入"字斟句酌"丛书。为显豁起见,书名改为《这些知识不太冷——100个最容易出错的自然人文常识辨正》,并邀请插画新秀——江苏薛玉蛟先生专门绘制了30余幅插图。图文并进,以助阅读。本次出版,还增补了《词辨篇》,扼要回答了15个语言文字方面的疑难问题。

学问之道,"毋意,毋必,毋固,毋我"。共勉之。

编著者
2022年1月

出版说明

《咬文嚼字文库》是一套开放性的丛书。它以语言文字的研究和运用为主要内容,由咬文嚼字文化传播有限公司策划并组织出版。"慧眼书系"是其中的一个系列。

"慧眼书系"现已出版七种:

一是《字误百解》,二是《字辨百题》,三是《词误百析》,四是《词辨百话》,五是《语病百讲》,六是《文史百谭》,七是《常识百点》。

在具体写法上,大致分为四个板块:

一是病例。一题一例或数例,它们来自现实语文生活,又有差错的典型性。

二是诊断。就错论错,一语中的。明确指出错在哪里,错误性质,以及如何修改。

三是辨析。在要害处说道理,要让人知其然,还要知其所以然。

四是链接。由点到面,融会贯通,由此及彼,举一反三。

这套丛书力求体现出三个特点:

一是内容的针对性。不拍脑袋,不想当然,不玩概念,一切从语文生活的实际出发。

二是经验的实用性。要把话说到位,揭示语言中隐藏的规律,概括出一目了然的要点,让人看了能懂,懂了会用,而且记忆深刻。

三是解析的学理性。从一字一词入手,又不拘泥于一字一词,巧妙贯串文字学、词汇学、语法学的知识,以使全书具有整体感。

这套丛书特别适合三类读者阅读：

一是媒体从业人员。书中大量病例，也许会让他们有似曾相识的感觉。希望媒体人都能有一双善于咬文嚼字的慧眼。

二是中学教师。书中深入浅出的解说，可以成为中学语文教材的有益补充，直接应用于课堂教学。

三是高校文科学生。一册在手，轻松阅读，有利于完善自己的知识结构，更能训练出文字敏感。

这套丛书在阅读过程中，很可能出现三种情况：

一是如鱼得水，如遇知友，疑问迎刃而解，思路豁然开朗。这正是我们所期待的。

二是不时遇到障碍，感觉枯燥乏味。这时您千万要坚持一下。语言毕竟是门科学，离不开钻研二字，但只要闯过这道关，便会渐入佳境，悟到其中的妙处。

三是脑子中出现了问号，您不一定赞同书中的观点。这是读书的最高境界。我们愿意和您作进一步的讨论。

啰里啰唆，就此打住。让我们开始读吧。

上海咬文嚼字文化传播有限公司
2015 年 5 月

目录 contents

自然篇

企鹅都生活在南极吗？ 1

公虎也"发情"？ 4

鲸鱼不是鱼 7

豪猪是"长刺儿的野猪"？ 10

被误解的鸵鸟 13

蚕茧里能飞出蝴蝶吗？ 16

"每只蝉都在放声歌唱"？ 18

蜘蛛是昆虫吗？ 21

蟋蟀不是纺织娘 24

什么鸟有"反哺"之美德？ 27

恩将仇报是杜鹃 30

凤与凰，谁雌谁雄？ 33

伤寒·打摆子 36

并蒂莲就是睡莲？ 38

"望梅止渴"：望的是杨梅吗？ 40

"法国梧桐"并非产于法国 43

大蒜是荤菜还是素菜？ 46

素菜与蔬菜 49

后宫涂墙用"花椒" 51

秦朝人还吃不到西瓜 53

唐朝人吃什么糖？ 56

中药材里的"怀山药" 59

震级与烈度 62

行星·矮行星 64

何来"12级特大龙卷风"？ 66

七星岩是山还是洞？ 69

上弦月·下弦月 72

日界线规定"迎来黎明的先后" 75

摄氏温度的单位——摄氏度 77

南疆的降水量"每年仅50毫升"？ 79

细说"微量元素" 82

阿拉伯数字不是阿拉伯人的发明 84

社会篇

是"欢喜佛"，还是"弥勒佛"？ 87

战国时有"和尚""尼姑"吗？ 89

"凤凰涅槃"并非佛经故事 91

"北京"与"北平" 93

漂母漂洗的是棉絮？ 96

敖包就是蒙古包吗？ 98

说书人用不着惊堂木 101

青天白日旗？青天白日满地红旗？ 103

皮影戏用不到木偶 106

铜板、铜钱大不同 108

"开元通宝"是开元年间铸造的吗? 111

党徽图案:"斧头"还是"锤头"? 114

宦官≠太监 116

此时不叫"上海交大" 119

"奉天承运皇帝诏曰"说早了 121

瓦岗寨的小朋友读不到《三字经》 123

"食色,性也":出自何人之口? 125

卓文君在炭炉旁卖酒? 128

武大郎卖的是什么饼? 130

"羽扇纶巾"并非专指诸葛亮 132

杨贵妃爱穿什么裙子? 134

岳飞背上刺的什么字 137

"薛仁贵"与"薛平贵" 140

沙和尚的武器并非月牙铲 143

孙悟空被压在哪座山下? 146

"知己""同怀"不是鲁迅原创 148

"中国人民站起来了"出自何处? 150

被烧死的是哪个科学家? 153

菲迪皮茨跑了42.195公里? 155

圆明园和"两个强盗" 157

胡适的恩师是哪个"杜威"? 160

冈村宁次是"侵华日军总司令"吗? 163

修辞篇

商鞅不姓"商" 166

慎用"满清" 169

"匠石"是石匠吗? 172

"五斗米"是微薄的官俸吗? 174

"雄关漫道真如铁"正解 177

"海上升明月",还是"海上生明月"? 179

"烹小鲜",容易还是困难? 181

《心经》岂是《多心经》? 184

误译的歌名《红莓花儿开》 187

"六艺"中的"书"是指书法吗? 190

内蒙古自治区不简称"蒙" 192

"忽如一夜春风来"并非描写春天 194

古老的"祖国",年轻的"新中国" 197

"村长"已走远 200

"进入战时状态"不应滥用 203

楚王爱的不是"女人腰" 205

林则徐没有"烧毁"鸦片 207

"八路军"的含义 209

狼毫是狼毛做的吗? 211

铅笔芯不用铅做 213

"无糖"食品真的不含糖吗? 215

词辨篇

是"流行病暴发",还是"流行病爆发"? 217

"鄙人"与"敝人" 218

"登陆网站"?"登录网站"! 218

"渡过难关"正确吗? 219

"贯穿"与"贯串" 219

"合家"与"阖家"有什么区别? 220

"亟待"?"急待"? 220

"浇铸"与"浇筑" 220

"橘子"可以写作"桔子"吗? 221

"期间""其间"大不同 222

"前三甲"是个病态的说法 222

"权利"与"权力" 223

"西蓝花"?"西兰花"? 224

"制定""制订"各有侧重 224

"做贡献/作贡献"之类 225

自 然 篇

企鹅都生活在南极吗?

病例

为什么企鹅只生活在南极?世界那么大,企鹅为什么偏偏挑选寒冷的南极安家落户呢?原来在很久很久以前,南极并不是一个冰天雪地的地方,企鹅的祖先就生活在那里。

诊断

企鹅并不只生活在南极地区。各种类分布范围广大,从南非至南美洲西部岩岛及南极洲沿岸均有。

辨析

企鹅的本种分布于南非西岸,故亦称"南非企鹅",属于鸟纲,企鹅科。现存企鹅有18种,生活在南极地区的是帝企鹅和阿德利企鹅。加拉帕戈斯企鹅生活在赤道周围。其他种类分别生活在非洲西南部、新西兰、澳大利亚以及秘鲁。

多数成年企鹅体长约65厘米,主食鱼类,大部分时间生活在水中,生殖时登陆。它常在岩石上作跳跃式行走,立时昂首如企望状,故名企鹅("企",原义是抬起脚后跟站着)。企鹅是一种最古老的游禽,不能飞翔,身体为流线型,以便在水里游泳。脚生于身体最下部,故呈直立姿势。趾间有蹼,跖行性(其他鸟类以趾着地)。前肢成鳍状。羽毛短,以减少摩擦和湍流。羽毛间存留一层空气,用以绝热。背部黑色,腹部白色。各个种类的主要区别,在于头部、颈部色型和个体大小。

企鹅为什么能生活在寒冷的南极呢?这和企鹅本身的独特生理结构有关:企鹅的羽毛密度比同一体型的鸟类大三至四倍,这些羽毛可以调节体温。南极虽然酷寒难当,但企鹅经过数千万年暴风雪的磨炼,全身的羽毛已进化成重叠、密接的鳞片状。这种特殊的羽衣,不但使海水难以浸透,就是零下近百摄氏度的寒气,也难以攻破它的保温防线。

企鹅

链接

北半球曾经生活过"大企鹅"

古生物学研究结果表明,早在5000万年前的第三纪,地球上已经出现企鹅,而且北极也曾有企鹅生活。研究者在北极地区找到了一种已经灭绝了的鸟类骨骼,称之为"大企鹅"。

这种"大企鹅"身高约60厘米,头部为棕色,背部的羽毛呈黑色,腹部雪白。它们在陆地上行走时像其他企鹅一样笨拙,同样善于在海中游泳。

"大企鹅"主要分布在欧洲的斯堪的纳维亚半岛、亚洲和北美洲,以及北冰洋的一些岛屿上,数量曾经以百万计。然而在距今三四百年前,欧洲掀起了一股到北极探险的热潮。随着探险家和移民的到来,"大企鹅"成了人类竞相捕杀的对象,数量急剧下降。当最后一只"大企鹅"被捕杀后,北半球就再也没有企鹅了。这就是今天北半球没有企鹅的原因。"大企鹅"和南极企鹅很可能不是同一个物种,而人类发现南极企鹅后,最早用来称呼"大企鹅"的英文单词Penguin,也归属于南极企鹅。

公虎也"发情"?

病例

三亚龙虎园负责人分析,3月至5月正值春季,这只公虎正处于发情期,心理发生变化,导致了这起悲剧的发生。

诊断

动物学知识欠缺。"发情"是雌性动物的事,即雌性的高等动物卵子成熟前后生理上要求交配的表现,与雄性动物无关。

辨析

"公虎发情"的说法是违背常识的。何谓"发情"?辞书的解释是:母畜需要配种的一种生理现象。当母畜到达初情期以后,就定期产生成熟的卵。在排卵前后的一段时间内,母畜表现兴奋,性器官充血、肿胀,黏膜潮红,阴道流出黏液,并愿意和公畜亲近,接受交配。这段时间称发情持续期,简称发情期。

不同动物发情期的长短也不一样。有的只有几小时,比如小鼠是3小时,牛是12到22小时;有的达几天,比如羊是一两天,猪是两三天,马是4到6天,狗是9天。动物未发情的日子,称休止期。发情期和休止期有规律地交替出现。人们把这种变化周期,称为动物的发情周期。有的动物一年只出现一次发情周期,它的发情期较长,一年只能生产一次,如狐、熊等。一年出现多次发情周期的动物,则发情期较短,一年生产数次,每次产仔五六个,如鼠类。当然,也有的动物虽一年有多次发情周期,但因严格受季节性限制,每年只能产一胎,如水貂、獐等。

发情是母畜的特有生理现象。公虎绝对不会"发情",不存在什么"处于发情期"。在各种出版物中,雄性动物"发情"的误说比比皆是。比如:

① 温小米还火上浇油:"你这种四处发情的公狗,本来就该阉掉——不,这样形容你,简直是对狗狗的侮辱。"——青春小说《爱在屋檐下》

② 雄象发情,母象只好忍辱负重。——内蒙古人民出版社《动物世界奇观(下)——人与动物的恩怨》

公狗、雄象等都是不可能有"发情"这一生理现象的。

老虎

链接

人类发情期的消失

大约在100万年前的猿人阶段,人类的发情期就开始消失了。科学研究表明,在自然界中,动物的性和生育是分不开的。它们的性的目的,就是繁育后代。而要想繁育后代,就必须提高幼仔成活率,要想提高幼仔的成活率,就必须选择生育季节,使得幼仔出生后处在一个最有利的生存环境里,包括温度、食物,等等。这样,久而久之,动物们就有了发情期。在所有的动物中,只有人类通过劳动可以在很大程度上改变生存环境,使得后代的生存率不再完全依赖自然环境。也就是说,人类的后代可以选择在一年的任何季节出生,人类不再需要发情期。

鲸鱼不是鱼

病例

不用去水族馆也能置身于神秘而美丽的海底世界。本游戏中玩家可以垂钓并饲养60种以上的海豚、鲸鱼等世界鱼类。

诊断

鲸不是鱼类,而是哺乳动物。

辨析

鲸的拉丁学名是由希腊语"海怪"一词衍生的,由此可见古人对这类庞然大物的敬畏之心。

鲸是哺乳动物,种类很多,生活在海洋中,体形呈流线型,体长可达30多米,是现在世界上最大的一类动物。鲸一般以浮游动物、软体动物以及鱼类为食,有的种类也食企鹅、海豹等。鲸和鱼长期共处于一个相同的生活环境中,外形"趋同",鲸的外形像鱼,所以俗称"鲸鱼"。古人在给它起名字时,连"鲸"字本身也有一个"鱼"字偏旁。国外也有类似之处。比如德语把鲸叫"巨大的鱼"(walfisch)。16、17世纪西方的一些自然科学书上,还把鲸当鱼看待。今天的生物学已经把鲸和鱼区别开了。人类对世界的认识是不断发展的,对鲸的认识也是这样。

鲸类是一种水生的哺乳动物,具有和陆上哺乳动物相同的生理特征,例如胎生、用肺呼吸等,更具备了一些为适应水生环境而演化出的特殊生理构造。鲸和鱼的区别主要是:(一)生产方式不同。鲸是胎生的,通常每胎一仔,幼仔靠母体的乳汁哺育;而鱼是卵生的,一次产卵成千上万,幼鱼一经孵化出来就能独立生活,没有哺乳现象。(二)体温不同。鲸的皮肤下有一层脂肪,能贮存能量以供应不时之需,还可借以保温及降低身体的相对密度。鲸的体温是恒定的,平均为35.5℃;而鱼的体温随外界温度而改变,属于变温动物。(三)呼吸方式不同。鲸和人一样有鼻孔,用肺呼吸,需要经常浮出水面吸气,然后潜入水中;鱼用鳃呼吸,摄取溶解于水中的氧气,因而可一直待在水下。(四)外表不同。鲸的皮肤很光滑,没有鳞片;鱼类一般都长着鳞片。(五)前进方式不同。鲸以上下摆动尾鳍的方式前进,利用前端的鳍状肢来保持身体平衡及控制方向,有些鲸背部的上端还有能保持身体垂直的鳍;而一般鱼类靠左右摆动尾鳍来使身体前进。

　　鲸中的蓝鲸(别名"剃刀鲸")是世界上现存最大的动物。鲸鲨是世界上现存最大的鱼类。

鲸

> 链 接

鲸为什么会搁浅？

鲸为什么会"搁浅"？科学家们对这一现象的解释有多种，大多数解释聚焦在鲸体内的回声定位系统。

一条巨鲸的眼睛只有一个小西瓜那样大，而且视力极度退化，一般只能看到17米以内的物体，这与其庞大的身躯显然极不协调。鲸并不依靠眼睛来导航、测物和捕食，而是依靠一种高灵敏度的回声测距系统。鲸发射出频率范围极广的超声波，这种超声波遇到障碍物即反射回来，形成回声。鲸就根据这种超声波的往返时间来准确地判断自己与障碍物的距离。

回声定位系统出现故障（内脏不适，出现寄生虫，或者系统本身的原因），就会致使鲸迷失方向、四处乱窜。

有时，鲸为了捕食而随水势误入地形平缓的水域，一旦退潮就会造成搁浅。它们为了追食鱼群而游进海湾，向着有较大斜坡的海滩发射超声波时，回声往往误差很大，甚至完全接收不到回声，也会因此迷失方向。还有，鲸是恋群动物，一旦有一条鲸误冲进海滩搁浅，其余的就会奋不顾身地跟随上去，结果造成群死群伤的悲剧。鲸一旦搁浅，是很难救活的。

豪猪是"长刺儿的野猪"？

病例

有一个哲学寓言,叫豪猪的哲学。说有一群豪猪,就是野猪啊,身上长刺的那种野猪,大家挤在一起过冬。

诊断

豪猪不是野猪。动物学分类上,它们属于不同的种属。

辨析

豪猪和野猪都是哺乳动物,名称中均有一个"猪"字,但此"猪"非彼"猪",不能说"豪猪就是长刺儿的野猪"。因为,豪猪不是野猪的一种。动物学分类上,前者属啮齿目,豪猪科;后者属偶蹄目,猪科。

野猪又称山猪,是家猪的祖先。体长约1.2米,体重二三百斤。野猪的外貌与家猪不同,颅骨顶上平直,头比家猪细长,嘴巴突出呈圆筒状,两耳挺立,四腿比较细长,蹄分两瓣较尖,适于奔跑。野猪的犬齿极为发达。雄性的野猪犬牙特别发达,露在嘴唇外,尖利向上翘,叫"獠牙",是防御和攻击的武器。野猪杂食,凡可吃的东西都吃,不但毁坏农作物,还会攻击家畜。野猪反扑时很凶猛,特别是雄性野猪被打伤时,会对猎人和猎狗疯狂反击,有时连老虎也怕它三分,曾被定为农业"害兽"。野猪不仅与家猪外貌极为不同,成长速度也远比家猪慢,体重亦较轻。因被猎杀及山林开发,野猪数量锐减,被列入国家林业局2000年8月1日发布的《国家保护的有益的或者有重要经济、科学研究价值的陆生野生动物名录》。因部分地区野猪数量增长过快甚至泛滥成灾,国家林业和草原局于2021年12月5日发布的《有重要生态、科学、社会价值的陆生野生动物名录(征求意见稿)》将"野猪"删除。

豪猪也叫"箭猪""刺猪",体长60至70厘米,体重10至15公斤。头如鼠,牙细小尖利,四腿,爪尖,像刺猬。全身棕褐色,有时混有灰白短毛。豪猪背部密被粗大而中空的长刺;臀部的刺特别长,足有20至40厘米;腹部和四肢的刺短而软。尾巴短,隐藏在长刺里,不易看到。豪猪刺的末端形成囊状构造。遇敌时,豪猪屁股上的长刺立即竖起,并发出"沙沙"的声响警告对方。敌方再紧逼,它就转身以臀部相向,倒退撞敌。有时,虎、豹被豪猪刺伤后,也会烂舌头、瞎眼睛。

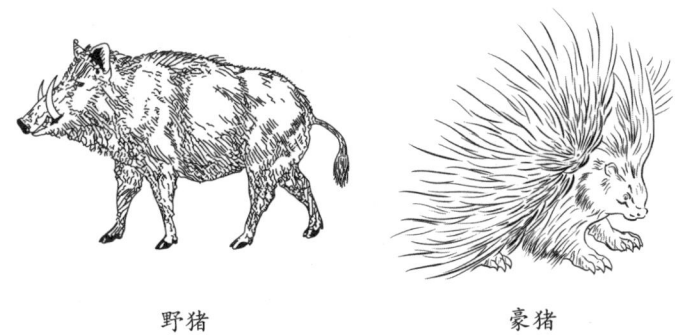

野猪　　　　　　豪猪

> 链接

豪猪的哲学

有一群豪猪,成群地挤在一起过冬。它们总有一个困惑,就是不知道大家以什么样的距离在一起最好。豪猪们互相离得稍微远点吧,冬天就冷,互相借不到热气。于是,大家就往一起凑凑,结果一旦凑近了,彼此的刺都扎着对方了。豪猪们开始互相离开,但是远了大家又觉得寒冷。多次磨合以后,豪猪们终于找到了一个恰如其分的距离,那就是在彼此不伤害的前提下保持群体的温暖。

被误解的鸵鸟

病例

鸵鸟在遇到危险时,会把它的头埋进黄沙中去。

诊断

常识错误。鸵鸟遇到危险时,并不把头埋进沙子里。这是以讹传讹的结果。

辨析

人们习惯用词语"鸵鸟政策"比喻不敢正视现实的一种政策。这一词语的依据是一个传说——鸵鸟在被追赶无法逃脱时就将头钻入沙堆,以为自己什么也不看,就会平安无事。据查考,该词最初见于1891年9月1日英国的新闻和文学杂志《朴尔摩尔新闻》。然而,这一传说实在是一个大误解。鸟的鼻孔多半生在喙的基部。而像鸵鸟这样只能靠嗅觉觅食,不得不把鼻孔生在喙前端的鸟儿,当把喙插进泥里寻找食物之后,就得用力喷一喷鼻孔,以除掉妨碍呼吸的杂物。"鸵鸟把头埋入沙里"显然不合常识。因为如果真是这样的话,鸵鸟会窒息而死的。

长久以来,鸵鸟被认为是一种愚蠢的鸟。《旧约·约伯记》中就有关于鸵鸟的叙述:"鸵鸟的翅膀欢然扇展,岂是显慈爱的翎毛和羽毛吗?因它把蛋留在地上,在尘土中使其温暖,却想不到被脚踹碎,或被野兽践踏。……因为神使它没有智慧,也未将悟性赐给它。"最早描述鸵鸟行为的人,是罗马思想家、文豪老普林尼。他在《自然史》中写道:"(鸵鸟)认为当它们把头和脖子戳进灌木丛里时,它们的身体也跟着藏起来了。"随着时间的推移,这个描述竟然渐渐讹变成"鸵鸟将头埋在沙子里"了。

鸵鸟的足具两趾和肉垫,强而善走。在遇到危险的时候,鸵鸟的第一反应就是仓皇逃窜,走为上策。别看鸵鸟笨头笨脑的样子,它们跑起来可与马并驾齐驱,甚至比马还快。假如躲避不及,鸵鸟便会蜷曲双腿,远远看去像堆杂草,以逃避敌人的视线。如果为了保护产下的蛋,鸵鸟就会装死。它们平躺在蛋上,甚至还会把脖子缩进去。

据动物学家介绍,鸵鸟从来不把头埋进沙里。不过,有时鸵鸟也确实会低头贴近地面,探听动静(由于鸵鸟的头和身子相比显得很小,就可能被误以为头埋进了沙子里);有时甚至垂下头,放松一下长脖子上的肌肉;有时,鸵鸟还会好奇地把头探进灌木丛里。但是鸵鸟从不把头埋进沙里。

鸵鸟

> 链接

忠贞的鸳鸯？也是误解！

除了鸵鸟外,人类对鸟类的误解还有不少。试举一例。

人们总是将鸳鸯视为爱情的象征,以为它们形影相随、不离不弃,终身相伴。《诗·小雅·鸳鸯》:"鸳鸯于飞,毕之罗之。"毛传:"鸳鸯,匹鸟也。"晋崔豹《古今注·鸟兽》:"雌雄未尝相离,人得其一,则一思而死,故曰匹鸟。"《本草纲目》中也有记载:"(鸳鸯)终日并游,有宛在水中央之意也。或曰:雄鸣曰鸳,雌鸣曰鸯。"其实,"忠贞的鸳鸯"只是人们由平时看见的现象而联想产生的一种美好愿望。生活中的鸳鸯并非总是成对生活的,配偶也非终生不变,一方死后另一方还是会另寻新欢的。

蚕茧里能飞出蝴蝶吗?

病例

1. 当把一个故事接近完美地写出来的时候,我就觉得自己是一只从悲情的蚕茧里飞出来的蝴蝶了。
2. 明年谁将化茧成蝶(《时代商报》文章标题)

诊断

例1,破蚕茧而出的并非蝴蝶,而是蛾。例2,"化茧成蝶"违背自然常识,应该是"化蛹成蝶"。

辨析

蝶与蛾虽同属鳞翅目,却有明显不同:蝶体瘦长,翅阔大,静止时竖在背上,有时不停扇动;蛾体粗短,翅狭长,静止时平铺身体两侧,似屋脊。蝶的幼虫光滑,一般不作茧,用丝挂起来或倒悬在树枝上;蛾的幼虫多毛,变蛹时钻入土中作室,或在枝叶间吐丝作茧。《现代汉语词典》收有"蚕蛾"一词,释义云:"蚕的成虫,白色,触角羽毛状,两对翅膀,但不善飞,口器退化,不取食,交配产卵后不久就死亡。"可见,蚕茧里是飞不出蝴蝶来的。

"明年谁将化茧成蝶",让人误以为蝴蝶是由"茧"变化而来的。蝴蝶是一种昆虫,其种类甚多。蝴蝶的一生有四个完全不同的形态:卵期、幼虫期、蛹期、成虫期。蝴蝶的卵极其微小,一般都附在草叶、树叶或树枝上,孵化后变为幼虫。蝴蝶的幼虫是毛毛虫,经过四五次蜕皮之后,老熟幼虫化蛹,由蛹羽化为成虫——蝴蝶。大多数蝶类的蛹裸露。我国有1200多种蝴蝶,不结茧的近1000种,只有少数种类的蝴蝶结薄茧。所以说,少数蝴蝶是"破茧成蝶",但没有蝴蝶"化茧成蝶"。

若把成功比作绚丽的蝴蝶,那么,由蛹变成蝶,就是艰难的磨炼。于是,"化蛹为蝶"常被用来比喻通过艰辛的努力、冲破重重束缚,脱胎换骨,终于取得成功。

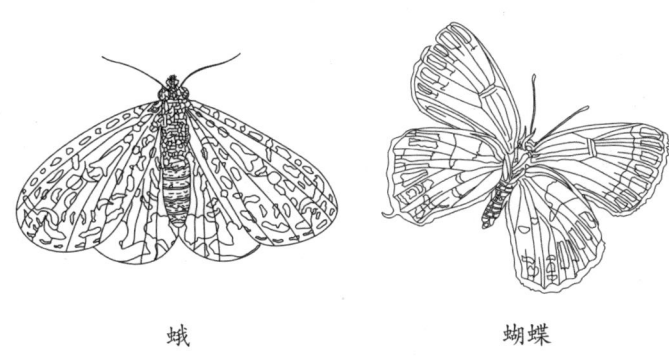

蛾　　　　　　　　　蝴蝶

链接

作茧自缚的是蚕

作茧自缚,本谓蚕吐丝结茧,将自己包裹在其中。喻人做事使自己陷于困境。语出唐代白居易《江州赴忠州至江陵已来舟中示舍弟五十韵》诗:"烛蛾谁救护,蚕茧自缠萦。"鲁迅《华盖集·答KS君》:"于是从他的行为上感到失望,发生不平,其实是作茧自缚。"张贤亮《绿化树》二七:"看着他作茧自缚和与世无争的模样。"

"每只蝉都在放声歌唱"?

病例

那清脆悠长而极具穿透力的鸣叫,仿佛在表达对大自然的无比感激和眷念。只要有一只蝉带头鸣叫,整个乡村就会骤然响起一片此起彼伏的蝉声,"知了,知了"。每只蝉都在放声歌唱,犹如一组无止无休的田园交响曲。

诊断

并非所有的蝉都能鸣叫。雄蝉鸣叫"歌唱",雌蝉并不鸣叫。

辨析

自古以来,人们对蝉最感兴趣的莫过于它的鸣声。人们以咏蝉声来抒发高洁的情怀。更有甚者,还用小巧玲珑的笼子装养着蝉,置于房中听其声,以为娱乐。

不过,能鸣叫的蝉都是雄性的蝉。雄蝉腹部有发声器,能连续不断地发出尖锐的声音。雄蝉肚皮上的两个小圆片叫音盖,音盖内侧有一层透明的薄膜。这层膜叫瓣膜。蝉鸣其实是瓣膜振动发出的声音。人们用扩音器来扩大自己的声音,音盖就相当于蝉的扩音器,来回收缩扩大声音,就会发出"滋——滋,滋——滋"的叫声。每只雄蝉能发出三种不同的鸣声:一是集合声,它受每日天气变动和其他雄蝉鸣声的调节。二是交配前的求偶声。雄蝉每天唱个不停,是为了引诱雌蝉来交配,它们并不能听见自己的"歌声"。三是被捉住或受惊飞走时的粗厉鸣声。

雌蝉没有发声器,因而不发声,但在腹部有接听器,能听到异性的鸣叫。雄蝉的叫声,在雌蝉听来就像一首美妙的乐曲。在交配受精后,雌蝉就用像剑一样的产卵管在树枝上刺成一排小孔,把卵产在小孔里。几周之后,雄蝉和雌蝉就死了。

蝉有两对膜质的翅膀,翅脉很硬。蝉休息时,翅膀总是覆盖在背上。蝉很少自由自在地飞翔,只有采食或受到骚扰的时候,才从一棵树飞到另一棵树。有趣的是,蝉能一边用吸管吸汁,一边唱歌,饮食和唱歌互不妨碍。人们通过观察发现,蝉的鸣叫能预报天气。如果蝉很早就在树端高声歌唱起来,就是提醒人们"今天天气很热"。

蝉

链 接

唐代咏蝉诗三首

古人以为蝉餐风饮露,不食人间烟火,是高洁的象征,所以常以蝉作为文学意象,来象征自己品行的高洁。《唐诗别裁》说:

"咏蝉者每咏其声,此独尊其品格。"

虞世南的《蝉》,是唐人咏蝉诗中最早的一首。全诗共四句:"垂緌饮清露,流响出疏桐。居高声自远,非是借秋风。"

骆宾王的《在狱咏蝉》是他在狱中听蝉鸣有感而作。全诗浸透着一种低沉、压抑的情绪。全诗是:"西陆蝉声唱,南冠客思深。不堪玄鬓影,来对白头吟。露重飞难进,风多响易沉。无人信高洁,谁为表予心?"

李商隐是晚唐艺术成就很高的诗人,在诗歌《蝉》中,借秋蝉抒发身世之感,是他运用"托物寄兴"手法的杰作。全诗是:"本以高难饱,徒劳恨费声。五更疏欲断,一树碧无情。薄宦梗犹泛,故园芜已平。烦君最相警,我亦举家清。"

蜘蛛是昆虫吗？

病 例

世界上大约有100万种昆虫，像蜜蜂、蚊子、蜘蛛、苍蝇、蚜虫等，都是常见的昆虫。

诊 断

蜘蛛不是昆虫，在动物学上它属于蛛形纲。

辨 析

昆虫在动物界中属于节肢动物门中的昆虫纲（别名"六足虫"纲）。其主要特征如下：（一）身体的环节分别集合组成头、胸、腹三个体段；（二）头部是感觉和取食中心，具有口器（嘴）和一对触角，通常还有复眼及单眼；（三）胸部是运动中心，具三对足，一般还有两对翅；（四）腹部是生殖与代谢中心，其中包含生殖器和大部分内脏；（五）昆虫在生长发育过程中要经过一系列内部及外部形态上的变化，才能转变为成虫，这种体态上的改变称为变态。

蜘蛛属于节肢动物门中的蛛形纲蜘蛛目。与昆虫相比，蜘蛛有自己的特点。其一，蜘蛛的身体分为头胸部和腹部两段，长有8条腿。这是蜘蛛和昆虫最大的不同之处。其二，蜘蛛无触须，昆虫成虫有触角。其三，蜘蛛的呼吸系统是书肺与气管并存，昆虫的呼吸系统是气管。其四，蜘蛛食道部分膨大形成吸吮胃，昆虫无此结构。其五，蜘蛛各部无明显分节，昆虫胸部分为3个体节，腹部分为11个体节，头部由6个体节愈合而成。其六，蜘蛛无翅；昆虫成虫有两对翅，少数无翅昆虫的翅膀退化后，还残留有痕迹，双翅目昆虫只有一对翅，是因为后翅演变为平衡棒。其七，蜘蛛腹部有纺绩器，会织网，而昆虫则不能。其八，蜘蛛无变态发育，昆虫为完全或不完全变态发育。

因此，动物学把蜘蛛划分为节肢动物蛛形纲，并不算作昆虫。

蜘蛛

链接

昆虫的分类

根据昆虫身体的构造和幼虫发育的方式，科学家们把昆虫分成了五大类：(一)甲虫。甲虫是昆虫家族中的第一大类，它们的前翅为骨化的鞘翅，像盾一样将后翅盖住。这一类昆虫食性较广，植物、真菌、其他昆虫甚至动物的腐尸都能成为它们的食物。(二)蝶和蛾。蝶和蛾是常见的一类昆虫，它们全身被许多微小的鳞片覆盖。蝴蝶翅上的鳞片是五颜六色的,而多数蛾的鳞片没有光泽。它们的幼虫都先以吃植物的毛虫形态存在,再逐渐长成成虫。(三)蚂蚁、胡蜂和蜜蜂。蚂蚁、胡蜂和蜜蜂构成了昆虫的第二大类,目前已发现的有20余万种,它们的共同特征是生有一个细腰。胡蜂还长有一对透明的翅膀,而多数蚂蚁没有翅膀。(四)蝇。蝇是最常见的昆虫,它们最明显的特征是第二对翅膀变成了一对平衡器官。这类昆虫分布极广,其中家蝇也是日常生活中最常见的一种。(五)蜡类和其他昆虫。目前已发现的蜡类昆虫有67000余种,它们长着刺状的口器,这种口器通常被收在两足之间。其他昆虫种类较少,比较常见的有蟑螂、蜻蜓和蝗虫等。

蟋蟀不是纺织娘

病例

蝉、天牛、螳螂、纺织娘为"四小旦"。纺织娘是一只小悲旦。蒲松龄《促织》中说，一只蟋蟀是由小孩子变的。夏夜的墙角，纺织娘窸窣弹琴，躺在床上的人，听着天籁渐渐入眠。

诊断

把纺织娘当成蟋蟀，这犯了个常识性的错误。

辨析

纺织娘，古名"络纬""莎鸡"，纺织娘科纺织娘属，体色有绿色和褐色两种，体长50至70毫米，体形很像一个侧扁的豆荚。后腿长而壮，弹跳力强。夏夜伏在植物上，雄性纺织娘的前肢摩擦发出"轧织，轧织"的鸣声，很像古时织布机织布的声音，故名。植食性昆虫，喜食南瓜、丝瓜的花瓣，也吃桑叶、柿树叶、核桃树叶、杨树叶等，有一定的危害性。

蟋蟀，也叫"促织""趋织""蛐蛐儿"，昆虫纲直翅目。最普通的为中华蟋蟀，身体黑褐色，体长约20毫米，一般藏在洞穴中，夏秋之夜在洞口鸣叫。蟋蟀啮食植物茎叶、种实和根部，是农业害虫。雄性蟋蟀为了争夺食物、巩固自己的领地和占有雌性而相互格斗。蟋蟀成为一些人赌博的工具。在斗蟋蟀时，如果以细软毛刺激雄蟋蟀的口须，会鼓舞它冲向敌手，努力拼搏；如果触动它的尾毛，则会引起它的反感，用后足胫节向后猛踢，表示反抗。

蟋蟀的别称叫"促织",和纺织娘的名字都有一个"织"字,这可能是一些人弄混它们的原因吧。

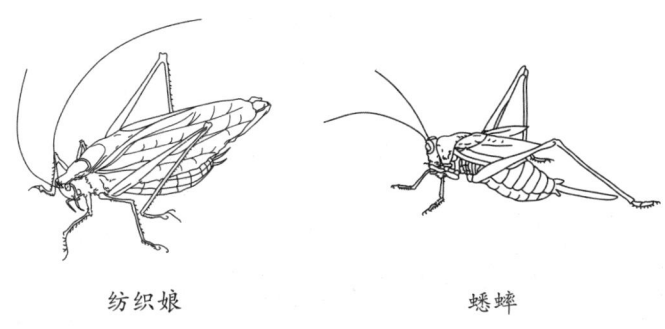

纺织娘　　　　　　　蟋蟀

链　接

文学中的蟋蟀

古代文人喜爱蟋蟀,总结出它有"五德":"鸣不失时,信也;遇敌即斗,勇也;重伤不降,忠也;败则哀鸣,知耻也;寒则进屋,识时务也。"

很多文学作品都写到了蟋蟀。《诗经》里就出现了对蟋蟀的描述。如《国风》中就有一首《唐风·蟋蟀》:"蟋蟀在堂,岁聿其莫","蟋蟀在堂,岁聿其逝","蟋蟀在堂,役车其休"。《豳风·七月》中写道:"十月蟋蟀入我床下。"后来的咏虫诗中,有不少是吟咏蟋蟀的。如晋代卢谌的《蟋蟀赋》:"何兹虫之资生,亦灵和之攸授。享神气之么眇,体含容之微陋。……厉清响于干霄,激悲声以迄曙。"唐代张随有《蟋蟀鸣西堂赋》:"若夫八月在宇,三秋及门,清韵昼动,哀音夜繁。"李子卿有《听秋虫赋》:"轻飑飒而韵合,残溜泠而响聚。陇水咽而应然,峡猿啼而何取?由是知悲秋者自此生兴,感物者因兹为主。"杜甫的《促织》诗:"促织甚微细,哀音何动人。草根吟不稳,床下夜相亲。"明代王醇《促织》诗写小儿夜捉蟋蟀的稚态:"风露渐凄紧,家家促织声。墙根童夜伏,草际火低明。人手驯难得,当场怒不平。秋高见余勇,一忆度辽兵。"

什么鸟有"反哺"之美德？

病 例

"我养你小，你养我老！"这是母亲的口头禅。我何曾尽到雏鹰反哺，养母亲老的责任？

诊 断

把反哺的鸟说成"雏鹰"，是错误的，应该是乌鸦。

辨 析

有反哺美德的鸟是小乌，而非雏鹰。古代传说乌鸦是孝鸟，幼乌长成后，能反哺因年迈体衰不能觅食的老乌。成语中有"乌乌私情"。病例中，作者以小乌能反哺老乌来比况自身，责备自己未尽报答母亲的养育之恩。这个比喻很生动，但此鸟非彼鸟，岂可张冠李戴？

当代中国人大多讨厌乌鸦，视乌鸦为不祥之鸟。但在古代中国，北方人和南方人对乌鸦的好恶完全不同。古代南方人讨厌乌鸦，但北方人却一直把乌鸦看作神圣的太阳鸟，北方有日中三足乌的神话。汉画像砖中就有大量日中三足乌图像，乌鸦成为太阳的象征。由于乌鸦有反哺的习性，北方人又敬奉乌鸦为孝鸟，《说文解字》便释"乌"为"孝鸟也"。明代李时珍所著《本草纲目·禽部》亦载："慈乌：此鸟初生，母哺六十日，长则反哺六十日，可谓慈孝矣。"

传统中国是提倡孝道伦理的，所以乌鸦又成为孝道的象征。中国人在崇拜凤凰之前，最早崇拜的正是乌鸦。古代许多文人也用诗歌赞颂乌鸟反哺的美德。如：西晋束皙《补亡诗·南陔》："嗷嗷林乌，受哺于子。"唐代白居易《慈乌夜啼》："慈乌失其母，哑哑吐哀音……声中如告诉，未尽反哺心。"清代周士彬《营巢燕》："独有前林慈乳乌，衔恩反哺情无已。"

汉语中，"乌合之众"是个贬义成语，意思是像乌鸦暂时聚合一样，比喻临时凑合的无组织无纪律的一群人。但是，把乌鸦说成是不合群的典型，也是常识错误。在动物学上，乌鸦被认为是进化最完全的一种鸟，许多方面都显示它颇有智力。乌鸦学舌的本领不亚于鹦鹉、八哥。乌鸦填石吸水，骑在猪背上夺鼠等有趣的故事，反映了它的聪明。据动物学家的观察和实验，乌鸦有着复杂的群居组织，它们群栖树上，警惕性很高，懂得守望相助。

乌鸦

链接

义乌与乌鸦

浙江义乌市是中国小商品城，全国闻名。《咬文嚼字》2001

年第5期刊载宣炳善先生《义乌与乌鸦》一文,认为"义乌"这个地名和乌鸦有关。兹撮要如下。

据《嘉庆义乌县志》卷十三记载:当地有个叫颜乌的人,"事亲孝。父亡,负土成冢,群乌衔土助之,乌吻(嘴)皆伤,因名号曰'乌伤'"。同书卷七记载:"邑东之三里有丘焉,曰'乌伤墓'。秦颜孝子氏,事亲孝,葬亲,躬备锸。群乌衔土助之,喙为之伤。后旌其邑曰乌伤,曰乌孝,曰义乌,皆以孝子故。垂二千载。"该志的卷首云:"乌自秦时置县,以颜孝子名,为八邑肇基。秦始皇二十五年定江南,平百越,置会稽郡,乌伤隶焉。"秦始皇在金衢盆地东部设立乌伤县,隶属于会稽郡。而乌伤县当时正是越族的集中居住区,民风剽悍,不讲孝道。乌伤的设立是为了引导当地风俗,而作为孝鸟的乌鸦形象则肩负着改造南方文化的历史使命。东汉时王莽还把乌伤改为"乌孝",特别突出其"孝"。《水经注·渐江水》云:"浙江又东径乌伤县北,王莽改曰乌孝……欲令孝声远闻。"唐代又改成今天的"义乌",即认为乌鸦既是孝鸟,又是义鸟。

恩将仇报是杜鹃

病例

老鹰趁杜鹃外出,将自己的蛋和杜鹃的调包,而杜鹃却浑然不觉,辛辛苦苦孵化并养育着"寄子"。后来,小鹰不但将小杜鹃挤出巢外摔死,还将喂食的老杜鹃吃掉。

诊断

颠倒是非,让老鹰背黑锅了。其实是杜鹃鸟有恩将仇报的恶行。

辨析

每当春临大地,尤其在广大农村地区,便可听到"布谷,布谷"的阵阵鸟鸣,这就是神秘的杜鹃鸟在啼叫。陆游有诗曰:"时令过清明,朝朝布谷鸣。但令春促驾,那为国催耕。红紫花枝尽,青黄麦穗成。从今可无语,倾耳舜弦声。"诗中催耕的布谷鸟,即杜鹃鸟。杜鹃(Cuckoo),别名子规、布谷鸟、杜宇,杜鹃科各种类的通称,有时专指杜鹃属(Cuculus)各种。它的身体黑灰色,尾巴有白色斑点,腹部有黑色横纹。普通杜鹃身长约16厘米,羽毛大部分或部分呈明亮的鲜绿色。初夏时,杜鹃常昼夜不停地鸣叫。

杜鹃是典型的巢寄生鸟类,部分种类不筑巢,不孵卵,不哺育雏鸟,这些工作全由小杜鹃的义父母代劳。《中国大百科全书·生物学》对杜鹃的说明:"大杜鹃,鹃形目杜鹃科杜鹃属的一种,又名郭公、布谷……不自营巢,而把卵置于其他鸟类(如苇莺、麻雀……)的巢内,所产的卵有与寄主卵相似的现象。"又说:"杜鹃科,鹃形目的一科……本科在国内常见的种为四声杜鹃……不营巢,在苇莺、黑卷尾等的鸟巢中产卵……对寄主的卵和雏鸟有相当害处,习性奇特,为鸟类中所罕见。"

春夏之交,雌杜鹃要产卵前,会用心寻找画眉、苇莺等小鸟的巢穴。目标选定后,它便充分利用自己和目标巢主形状、大小及体色都相似的特点,从远处飞至。杜鹃飞翔姿势很像猛禽岩鹞,飞得很低,一会儿向左,一会儿向右地急剧转弯;间或拍打着翅膀,拍打得很响,用来恫吓正在孵卵的小鸟。正在孵卵的小鸟看见低空翱翔而来的猛禽的身影,吓得弃家逃命时,杜鹃就达到了它恫吓的目的。

那么,杜鹃怎样把自己的卵丢进别人的巢中呢?有的是直接产下去,而对于太小的或是难以钻进去的鸟巢,它就会先产下卵,然后用喙小心地把卵放到其他鸟卵中间去。但是在放自己的卵之前,杜鹃常常会从巢中把别人的卵弄走一只吃掉或扔掉。杜鹃的体型比一些小鸟大得多,可是它产的卵却很小,再加上杜鹃卵与巢主鸟的卵在形状、色彩等方面惊人相似(自然选择的结果),所以就可以鱼目混珠,其他小鸟也就难辨真假了。

出生后的小杜鹃也很凶残,不仅贪食,还将养父母所生的同巢雏鸟全都挤出巢外,独享养父母的恩宠。

老鹰

杜鹃

> 链接

杜鹃鸟传说二种

汉语文化中,杜鹃鸟有许多神奇的传说。比如,民间广泛流传"望帝春心托杜鹃"的故事。这个故事说的是,古代蜀国有个名叫杜宇的人,当了皇帝以后称为"望帝",死后化为杜鹃。杜宇是历史上的开明皇帝,他看到丞相鳖灵治水有功,百姓安居乐业,便主动让王位给他。不久之后,杜宇去世,化作杜鹃鸟,日夜啼叫,催春降福。杜鹃鸟之名,大概来源于此。唐李商隐《锦瑟》诗中就有"庄生晓梦迷蝴蝶,望帝春心托杜鹃"一句。

关于杜鹃鸟,还有另一个传播很广的传说——"杜鹃啼血"。每年春夏之际,杜鹃鸟会彻夜不停地啼鸣,这声音似在说:"不如归去!不如归去!"它那凄凉哀怨的悲啼,令人惆怅、忧伤,常激起人们的多种情思。加上杜鹃的口腔上皮和舌头都是红色的,古人误以为它"啼"得满嘴流血,因而引出许多关于"啼血深怨"的诗篇。比如,唐白居易《琵琶行》:"其间旦暮闻何物?杜鹃啼血猿哀鸣。"又,宋朱希真诗句:"杜鹃叫得春归去,吻边啼血苟犹存。"

凤与凰，谁雌谁雄？

病例

一女生寝室出榜征召六位"护花使者"同赴张家界探险，在校园开了凤求凰之先河。

诊断

误解了"凤凰"中凤与凰各自的性别。凤是雄，凰是雌。上述病例中的"凤求凰"应改为"凰求凤"。

辨析

把女大学生征召护花使者之事说成是"凤求凰"，恐怕许多人不明其中谬误。凤是传说中的鸟，美丽无比。故可用来称说美丽的物件，如"凤冠""凤带""凤钗"，都是古代贵族女子的饰物。人们还称美女的眼睛为"凤眼""凤眸"；给女孩子起名也爱带一个"凤"字，如金凤、彩凤、凤英、阿凤，等等。"望女成凤"一词也常见诸媒体。这么多实例，往往给人造成一个假象："凤"必对应女，女自然是"凤"。其实不然。在语文实践中，"凤"和"凰"连说时，分别比喻男子和女子，"凤"为男，"凰"为女。

在古代，凤常被用来比喻有圣德的人。比如《论语·微子》："凤兮凤兮，何德之衰也。"邢昺疏："知孔子有圣德，故比孔子于凤。"

凤，亦用来比喻婚姻关系中的男方。汉代司马相如《琴歌》之一："凤兮凤兮归故乡，遨游四海求其凰。"于是，便有了名为《凤求凰》的乐府琴曲。古人还用"凤郎"来美称别人的儿子。宋代黄庭坚《戏赠曹子方家凤儿》诗："凤郎但喜风土乐，不解生愁山叠叠。"明末清初的大文豪李渔擅长以新制胜,鉴于《凤求凰》已唱烂,就别出心裁地编了一出《凰求凤》。此剧说的是:吕生才高貌美,许仙涛、曹婉淑、乔梦兰三位女子为获得吕生,相互间展开了勾心斗角的争夺。可见,"凰求凤"者,女追男也。

上述病例既然用"凤""凰"对举来表示两性,那么女大学生征召男大学生共同去探险当为"凰求凤"。

凤　　　　　　　　　凰

链接

司马相如"凤求凰"

汉景帝中元六年(前144),在梁地宦游的司马相如回到家乡成都,"家贫,无以自业"。一次,临邛的富豪卓王孙,备了宴席请客。县令王吉和司马相如一起参加了宴会。

众人被司马相如的堂堂仪表和潇洒的风度所吸引。正当酒酣耳热的时候,王吉请司马相如弹琴一曲助兴。当时卓王孙的女儿卓文君新寡,好音乐,在娘家守寡。单身的司马相如弹了一曲,"以琴心挑之"。隔帘听曲的卓文君听到司马相如的琴声,如痴如醉,又窥见他相貌堂堂,遂有了好感。

此后,他们两人经常来往。一天夜里,卓文君没有告诉父亲,竟与司马相如私奔,驰归成都。

伤寒·打摆子

病例

感谢上帝,这几天安排老严得了伤寒,躺在家里打摆子。前晌盖三床被子还冷,后晌浑身出汗,湿透了三床被子。

诊断

缺乏医学常识。"伤寒"与"打摆子"不是一回事。根据描述,老严得的应是疟疾,俗称"打摆子"。

辨析

伤寒与疟疾(打摆子)经常被搞混。一篇题为《海棠果红了》的文章,在回忆咀嚼海棠果的感受时说:"那种酸涩会让我的小脸抽搐成一团,全身都会跟着战栗,颇像伤寒病人打摆子。"伤寒病人的症状怎么会是"打摆子"呢?伤寒与打摆子是两种不同的急性传染病,起因与症状等都不相同。

疟疾(打摆子)在我国古代称为"瘴气"。它是由疟原虫(包括间日疟原虫、三日疟原虫、恶性疟原虫和卵形疟原虫)、诺氏疟原虫侵入人体引起的急性传染病,传染媒介是蚊子。其症状为周期性发冷发热,热后大量出汗,头痛口渴,浑身无力。因为这种病时冷时热,就像钟摆一样在两个极端之间来回运动,因此又叫"打摆子"。

而伤寒则是由伤寒杆菌引起的急性传染病,自然病程约一个月。主要症状为持续发热,热度在 39 至 40℃ 之间,脉搏缓慢,脾脏肿大,腹部有玫瑰色疹。严重时,可因肠出血、肠穿孔而死亡,又称肠伤寒。伤寒杆菌感染后是否发病与细菌数量、毒力、机体免疫力等因素有关。

可见,疟疾(打摆子)病人的特征是"周期性发冷发热",而伤寒病人的特征是"持续发热"。

上述病例出自小说《手机》。书中显然是误把"打摆子"当成"伤寒"了。书中还有多处类似的错误叙述。如:"1999 年冬天,严守一像他爹三十年前一样患了伤寒,而且比他爹当年的伤寒还重。上午发冷,屋子像个大冰柜;下午发热,像螃蟹进了蒸笼;晚上开始说胡话。"又如:"严守一有些发烧。像小时候他爹得伤寒一样,一阵热一阵冷。"

链 接

疟疾(打摆子)的地理分布

疟疾的分布非常广泛,见于北纬 60 度与南纬 30 度之间的广阔地带。不同种类的疟原虫引起的疟疾,分布不同。

间日疟(每隔 48 小时反复发作)分布最广,见于热带、亚热带与部分温带地区,是温带疟疾的主要类型。

三日疟(三日一发,亦称三阴疟)较少,见于非洲部分地区、斯里兰卡与马来西亚等地。

恶性疟(与重症流行性感冒相似,发作周期一般为 36~48 小时)在热带和亚热带的湿热地区非常普遍。

卵形疟(症状较轻)分布地区最小,病例报告来自东非、西非和南美等地。

我国以间日疟分布最广,除青藏高原外,遍及全国。恶性疟次之,分布于秦岭—淮河以南,以云贵、两广与海南为最。

并蒂莲就是睡莲?

病例

并蒂莲即睡莲,又名子午莲,有"花中君子"之称,是荷花中的极品,象征着百年好合、永结同心。

诊断

植物学知识欠缺。并蒂莲与睡莲之间不能简单地画等号。

辨析

"并蒂莲"也称"同心芙蓉""合欢莲"等,因花开并蒂而得名,是莲(荷、荷花)的一种,生成的概率仅十万分之一。莲在生长过程中,一般只形成一个花芽,一个分生中心,开一朵花。不过,如果受到某种特殊外界环境条件的刺激,或内部的特殊变异,着生在一枝茎上的花芽便有可能分化成两个分生中心,进而发育两个像是双胞胎的花蕾,从而在一枝花柄上形成两个花蒂,并开两朵花,结一对莲蓬,这便是并蒂莲。

并蒂莲不是睡莲。莲与睡莲,同属睡莲科,但不同属。前者为莲属,后者为睡莲属。两者外形有明显的差别:莲的叶和花比睡莲的叶和花大几倍。前者叶子为圆形,花多红或白色,均高出水面;后者叶子心状卵形(或曰马蹄形,有长柄),叶面暗绿光亮,叶背红或紫色,花多白色,浮在水面。

睡莲　　　　　　并蒂莲

> 链　接

孪生姐妹不宜称作"并蒂莲"

文学意象的历史积淀,喻体往往具有一定的稳固性。《扬子晚报》曾刊登一篇题为《潇洒"军中并蒂莲"》的文章,开头写道:"曾在共和国50周年华诞阅兵式上引人瞩目的'军中并蒂莲'张薇薇、张莉莉,今天上午乘飞机来南京参加'世纪大阅兵展',记者特意采访了这对孪生姐妹。"将"孪生姐妹"称作"并蒂莲",可谓比喻不伦。所谓"并蒂莲",是指并排地生长在同一个茎上的两朵莲花,简言之便是"一干两花"。这种奇特的自然现象,虽与孪生姐妹多有相似之处,但人们从来不以并蒂莲来比喻孪生姐妹,而是赋予并蒂莲以特定的喻义——男女好合或夫妻恩爱。如,清代洪棣园《后南柯·招驸》:"庶几我与你两人并蒂莲开并蒂花。"又如,秦牧《艺海拾贝·并蒂莲的美感》:"那些被人用来形容男女爱情的动物和植物,就多少给人一种美感了。那些东西就是比翼鸟、连理枝、并蒂莲、双飞蝶之类。"

"望梅止渴":望的是杨梅吗?

病例

曹操有一次为了让行军士兵解渴,谎称前面有梅林,士兵们一听,都流下了口水,因为杨梅是酸的。

诊断

此"梅"非彼"梅"。"望梅止渴"中的"梅"是青梅,不是杨梅。

辨析

梅的果实称"梅子",近球形,直径2至3厘米,有绒毛,味酸,未成熟时为青色,故称"青梅",成熟时为绿黄色。

"望梅止渴"语出南朝宋刘义庆编撰的《世说新语·假谲》:"魏武行役,失汲道,军皆渴。乃令曰:'前有大梅林,饶子,甘酸可以解渴。'士卒闻之,口皆出水,乘此得及前源。"曹操所指的"梅",应是梅子,俗称"青梅"。青梅的特点正是"甘酸"。青梅即使慢慢地变成黄梅,也只是酸度有所减低而已,基调仍然是酸的。青梅具有生津解渴、刺激食欲、消除疲劳等功效,尤其是柠檬酸含量在各种水果中居首。柠檬酸是人体细胞物质代谢不可缺少的重要酸类,它能促进乳酸分解为二氧化碳和水排出体外,消除疲劳,且有益于钙的吸收。青梅果实鲜食者少,主要用于食品加工,加工品有咸梅干、话梅、糖青梅等。

杨梅属杨梅科,常绿乔木,宜生长于温暖的地区。遐迩闻名的余姚杨梅,就生长在钱塘江以南的浙江省中南部。杨梅成熟后汁甘味甜,酸者甚少。

曹操戎马一生,全在黄河、长江流域。在北破乌桓,一举消灭袁绍、袁术武装集团统一北方之后,曹操率领十万大军从许都(许昌)出发,南下伐吴,经过界首、合肥、昭关,到达梅山,然后有"望梅止渴"的故事。曹操所说的生长梅子的大梅林,在安徽省含山县东南。南宋王象之编纂的《舆地纪胜》中说:大梅林是"曹操行军望梅止渴处"。曹操大军所望之"梅",即青梅,而非杨梅。

杨梅　　　　　　　　　青梅

链接

青梅煮酒·青梅竹马·梅雨

汉语文化中,青梅扮演了重要角色。试说三条。

"青梅煮酒"。典出《三国演义》第二十一回《曹操煮酒论英雄　关公赚城斩车胄》:"盘置青梅,一樽煮酒",对坐畅饮。

"青梅竹马"。语本李白的诗《长干行》:"郎骑竹马来,绕床弄青梅。"此处的"青梅",是指可食用的果梅,不是指观赏性的植物花梅(梅花)。

"梅雨"。每年6月中下旬至7月上半月之间,长江中下游地区持续天阴有雨,正是江南梅子的成熟期,故称这种气候现象为"梅雨"。文人诗词中涉及梅雨的语句众多,为人传诵的有:"黄梅时节家家雨,青草池塘处处蛙"(宋代赵师秀《约客》),"试问闲愁都几许?一川烟草,满城风絮,梅子黄时雨"(宋代贺铸《青玉案·凌波不过横塘路》),等等。

"法国梧桐"并非产于法国

病例

梧桐有两种，一种是产于中国的中国梧桐，另一种是产于法国的法国梧桐。

诊断

植物学常识错误。法国梧桐，既非产于法国，也非梧桐。

辨析

一些媒体往往把城市马路边的行道树"法国梧桐"，说成"从法国引进的梧桐"或"法国的梧桐"。其实这是一种想当然的错误说法。因为这种树既不是梧桐，也不是来源于法国。

法国梧桐的学名是"二球悬铃木"。"悬铃木"，因果实像悬挂着的铃铛，故名。《辞海》"悬铃木"条说："亦称'篠悬木'，一名'三球悬铃木'。悬铃木科。落叶乔木……果序通常3个生于一总柄上。原产欧洲东南部与亚洲西部以至印度。另种二球悬铃木（P. acerifolia），通称'法国梧桐'，系一球悬铃木（P. occidentalis）与三球悬铃木（P.orientalis）在英国育成的杂交种。"

与一球悬铃木（原产北美洲，别名"美国梧桐"）、三球悬铃木相比，二球悬铃木是一个年轻的新种，是1646年在英国育成的，至今不过300多年。在我国始植于旧时上海的"法租界"。因其外形颇像中国本土原有的青皮梧桐，民间便称它为"法国梧桐"。这个俗称很生动，就此流传了开来。"法租界"是在1842年《南京条约》之后出现的，所以二球悬铃木传入我国的时间，似可定在1842年之后,栽植历史在170年左右。我国长江流域特别喜欢将它作为行道树植于马路边。

有一种说法称,早在公元401年,原籍印度的佛教学者鸠摩罗什来到长安传教并翻译佛教著作,带来了三球悬铃木(我国别称"净土树")的种子和种植方法。这种树适应性强,生长迅速,耐修剪,耐寒,冠大荫浓,寿命长,所以受到人们的喜爱,被广泛种植。

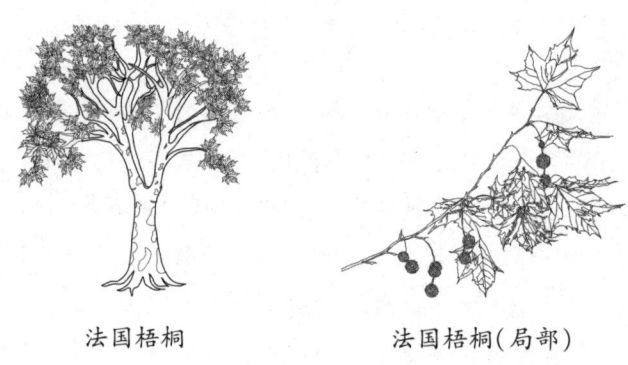

法国梧桐　　　　　　法国梧桐(局部)

链接

话 说 梧 桐

梧桐又名青桐、中国梧桐,是我国的一种古老植物,属梧桐科。人们常把梧桐和凤凰联系在一起。凤凰是鸟中之王,而凤凰最乐于栖在梧桐之上。《诗经·大雅·卷阿》:"凤凰鸣矣,于彼高冈。梧桐生矣,于彼朝阳。"梧桐的树皮呈绿色,光滑;叶呈掌形,比法国梧桐的叶子大;亦为落叶乔木;种子呈球形,成熟后为咖啡色,仅黄豆般大小;产于我国和日本,不作行道树。现在城市里一般不易见到梧桐。

大蒜是荤菜还是素菜?

病例

和尚是素食的,只吃各种谷类、豆类制品,各种水果,以及大蒜、萝卜等素菜。

诊断

知识性差错。在佛教徒看来,大蒜是荤菜,不是素菜。和尚不吃大蒜。

辨析

热播的电视剧《济公活佛3》中,广亮和尚对必清说:"大蒜是荤的。"一时间,众人热议"大蒜是荤的还是素的"。了解了"荤"的不同义项,问题就迎刃而解了。

"荤"本来与肉食没有任何联系,从字形上就可以看出这一点。在《说文》中,"荤"字属"艸(艹)"部,而非"肉"部。在文献里,"荤"的本义是指葱、姜、蒜等带有强烈刺激味道的蔬菜。《说文·艸部》:"蒜,荤菜。"《仓颉篇》:"荤,辛菜也。"《玉篇·艸部》:"荤,臭菜也。"这里的"臭(xiù)"是指气味。葱、姜、蒜等能发出刺激味道,故而属于"荤菜"。

佛教有"五荤"之说。五荤即五辛。李时珍《本草纲目·菜一·蒜》:"五荤即五辛,谓其辛臭昏神伐性也。炼形家以小蒜、大蒜、韭、芸薹、胡荽为五荤;道家以韭、薤(xiè)、蒜、芸薹、胡荽为五荤;佛家以大蒜、小蒜、兴渠(根像萝卜,气味像蒜)、慈葱、茖葱为五荤。兴渠,即阿魏也,虽各不同,然皆辛熏之物。"

佛教反对食用荤菜。《梵网经》说:"若佛子,不得食五辛,大蒜、葱、慈葱、兰葱、兴渠,是为五辛。"《楞严经》说:"是五种食,熟食发媱(yáo,逍遥游乐),生啖增恚(huì,怨恨)。如是世界食辛之人,纵能宣说一二部经,十方天仙,嫌其臭秽,咸皆远离。诸饿鬼等因彼食次,舐其唇吻;常与鬼住,福德日销,长无利益。"佛教认为,葱、蒜、韭菜、洋葱、小头蒜等刺激性的植物,对人的性情会有影响。人如果食用了这些荤菜,就可能耗散人气,有损精进,难于通达神明。所以佛教加以禁戒。晚年皈依佛门的诗人白居易,曾有《斋戒》诗,云:"每因斋戒断荤腥,渐觉尘劳染爱轻。""荤腥",指荤辛和鱼肉类食物。又如,《西游记》第八回:"(猪八戒)遂此领命归真,持斋把素,断绝了五荤三厌,专候那取经人。"

电视剧《济公活佛3》中广亮和尚说的是准确的,佛教徒眼里的大蒜是荤菜。

大蒜

> 链接

"荤"的发展路径

"荤"字的含义,有一个发展的过程。本义指辛味的菜,后来发展出一个崭新的义项,指鸡、鸭、鱼、肉等食物。这和词语的整体义对语素的映射有关。

在古汉语里,"荤"字构成的常见合成词有"荤腥"(有辛味的菜和鱼肉等食物)、"荤臊"(有辛味的菜与肉类)、"荤膻"(有辛味的菜和牛羊肉)等。伴随着语言的发展,词语中"荤"的"气味浓烈的荤辛食物"义渐渐淡化,"荤腥""荤臊""荤膻"等就演变为专指肉类食物的复合词。词语的意义映射积淀到语素"荤"上。后来,"荤"逐渐独立承担起指称肉食的职责。这样,"荤"就形成了一个新的义项——指鸡鸭鱼肉等肉类食物,与"素"相对。如,南朝梁宗懔《荆楚岁时记》:"梁有天下不食荤,荆自此不复食鸡子,以从常则。"这说的是,梁武帝信奉佛教,不再吞食属于小荤的鸡蛋。

现代汉语中的"荤腥""荤臊""荤膻""荤菜"等词,则专指肉食,不再包括葱、蒜、韭、薤等植物了。

素菜与蔬菜

病例

当下挺流行蔬菜荤做,就是用经典荤菜的料理方式烹饪。

诊断

混淆了"素菜"与"蔬菜"这两个概念。应是"素菜荤做"。

辨析

素菜和蔬菜不是一回事。素菜是相对于荤菜而言的,是指菜在煎炒烹炸等加工的过程中,始终没有肉类的参与。比如,素菜用的油只能是植物油而不能是动物油;任何蔬菜与肉一起烹调后,都不是素菜了。《现代汉语词典》"素菜"条:"用蔬菜、瓜果等做的菜(指不掺有肉类的)。"素菜也是菜肴流派之一,通常指用植物性原料烹制的、不含鸡鸭鱼肉等肉类的菜肴。素菜以其食用对象分为寺院素菜、宫廷素菜、民间素菜三个派系。素菜的特征主要有:时鲜为主,清爽素净;花色繁多,制作考究;富含营养,健身疗疾。

素菜在中国历史悠久,在古籍中多有记载,从"野老献芹"便可知道蔬食菜羹出现之早。早在先秦时代,人们在祭祀祖先与鬼神前,要行斋戒吃素,以表示虔诚崇敬,故素菜又称斋菜。魏晋以来佛教盛行后,素菜得到很大发展,成为独树一帜的一大菜系。清代薛宝辰的《素食说略》中,就记载了170余种素菜的烹制方法,成为素食的一个宝库。

蔬菜是食用类植物,是可以做菜吃的草本植物。"蔬菜"的

"菜",指可以吃的草本植物。比如,白菜、菜花、萝卜、黄瓜、洋葱、扁豆等。蔬菜还包括一些木本植物的嫩茎、嫩叶和菌类,如香椿、蘑菇等。蔬菜是做素菜的主要食材。

> 链接

蔬菜的分类

蔬菜生产和流通领域,常把蔬菜的生物学特性和栽培特点结合起来进行分类。蔬菜的分类方法很多,比较实用的是:(一)白菜类蔬菜。如大白菜、小白菜、叶用芥菜、菜薹、结球甘蓝(圆白菜)、球茎甘蓝、花椰菜等,都是十字花科植物。(二)直根类蔬菜。如萝卜、胡萝卜、芜菁、根用芥菜、根用甜菜。(三)茄果类蔬菜。如茄子、番茄、辣椒。(四)瓜类蔬菜。如黄瓜、南瓜、冬瓜、丝瓜、瓠瓜、菜瓜、蛇瓜、葫芦等,或包括西瓜、甜瓜。(五)豆类蔬菜。如菜豆、豇豆、刀豆、毛豆、豌豆、蚕豆、四棱豆、扁豆。(六)葱蒜类蔬菜。如大葱、大蒜、洋葱、韭菜。(七)绿叶蔬菜。如芹菜、茼蒿、莴苣、苋菜、落葵、菠菜、雪里蕻。(八)薯芋类蔬菜。如马铃薯、芋头、山药、姜、草石蚕、菊芋、豆薯。(九)水生蔬菜。如藕(荷藕)、茭白、慈姑、荸荠、菱角、芡实。(十)多年生蔬菜。如金针菜、石刁柏、百合、竹笋、香椿。(十一)食用菌类蔬菜。如蘑菇、香菇、草菇、木耳、银耳、猴头菌、竹荪等。(十二)芽菜类蔬菜。如豌豆芽、荞麦芽、苜蓿芽、萝卜芽、绿豆芽、黄豆(毛豆)芽等。(十三)野生蔬菜。常见野生蔬菜有蕨菜、发菜、荠菜、茵陈、苦麦菜等。

后宫涂墙用"花椒"

病 例

北魏太武帝后宫的等级：皇后、昭仪、贵人、椒房、中式、世妇、御女。其中"椒房"的"椒"，就是指辣椒。为什么用"椒房"作嫔妃的称号呢？这是因为辣椒籽多，寓意妃子们能多生孩子。

诊 断

"椒房"的"椒"并非指辣椒，而是指花椒。

辨 析

花椒与辣椒都是"椒"，但此"椒"非彼"椒"。古代建筑文化中的椒房，与花椒有关，而与辣椒是不搭界的。

花椒别名川椒、蜀椒，产于我国。落叶灌木或小乔木。枝上有刺。果实球形，暗红色；种子黑色。可以做调味的香料，也供药用。这种植物的种子也称"花椒"。古代帝王的后宫涂抹墙壁时使用花椒。一是因为花椒籽多，有祈望后妃们多子之意；二是花椒"温而芳"，让房间充满芳香迷人的气息，同时花椒还可使墙壁预防虫蛀。《汉书·车千秋传》："（巫蛊之祸发生时）江充先治（追查）甘泉宫人，转至未央椒房。"颜师古注："椒房，殿名，皇后所居也。以椒和泥涂壁，取其温而芳也。"

辣椒又名番椒、大椒，原产于南美洲热带地区。十五世纪末欧洲探险家发现新大陆后，把辣椒带回欧洲，后来辗转传到欧亚各地。明代中后期引入我国后普遍栽培。辣椒是一年生草本植物。叶子卵状披针形，花白色。果实青色，成熟后变成红色；一般都有辣味，主要供食用，也可以入药。太武帝拓跋焘（408—

452)时期,中国尚未种植辣椒,中国人是见不到辣椒的,不可能用它作涂墙的建筑辅料,自然也不会想到"辣椒籽多"这层意思。

花椒

链接

"椒房"的语义流变

"椒房"本指椒房殿,即汉皇后所居的宫殿。《文选·班固〈西都赋〉》:"后宫则有掖庭椒房,后妃之室。"李善注引《三辅黄图·未央宫》:"椒房殿在未央宫,以椒和泥涂,取其温而芬芳也。""椒房"泛指后妃居住的宫室,如清代洪昇《长生殿·定情》:"怕庸姿下体,不堪陪从椒房。受宠承恩,一霎里身判人间天上。"亦用为后妃的代称,如明代张居正《论外戚封爵疏》:"今使椒房之属与有大勋劳之人并享茅土,非所以昭有功、劝有德也。"在古代帝王妃嫔的等级序列中,用"椒房"作名号的也只有北魏一朝;其他语境中提到"椒房"时,是指后妃或后妃们的住所。

秦朝人还吃不到西瓜

病 例

就在李斯为此事犯难之时,咸阳城外的骊山深谷里,出了一件稀罕事:隆冬季节,那里生出了几个西瓜。

诊 断

中国开始种植西瓜的时间应在五代时期(907—960),秦朝人还吃不到西瓜。

辨 析

西瓜的原生地在非洲,它原是葫芦科的野生植物,后经人工培植成为食用西瓜。早在五六千年前,埃及人就种植西瓜,后来逐渐北移,最初由地中海沿岸传至北欧,而后南下进入中东、印度等地。

据《新五代史·四夷附录第二》记载:"初,萧翰闻德光(耶律德光,大契丹第二位皇帝)死,北归,有同州郃阳县令胡峤为翰掌书记,随入契丹。……峤无所依,居虏中七年。当周广顺三年(953),亡归中国,略能道其所见。云:'……遂入平川,多草木,始食西瓜,云契丹破回纥得此种,以牛粪覆棚而种,大如中国冬瓜而味甘。……'"可见,西瓜是从五代时由西域传入中国的。明代徐光启《农政全书》记载:"西瓜,种出西域,故之名。"明代罗顾辑著的《物原·食原》记载:"五代胡峤始移种回鹘西瓜于中国。"明代李时珍在《本草纲目》中记载:"胡峤于回纥得瓜种,名曰西瓜。则西瓜自五代时始入中国;今南北皆有。"清人赵翼

《陔余丛考》有"西瓜始于五代"条。这些材料都说明,中国开始种植西瓜的时间应在五代时期(907—960)。到了宋代,西瓜才成为大规模种植的农作物。范成大《西瓜园》诗赞美说:"碧蔓凌霜卧软沙,年来处处食西瓜。"张择端名画《清明上河图》上画有醒目的西瓜摊。

上述病例所述,乃是秦始皇焚书坑儒中"坑儒"的一个情节,时间应在公元前212年即秦始皇三十五年,早于西瓜引进1100多年,那时的咸阳城外根本不可能有西瓜。

西瓜

链接

胡峤其人

胡峤,字文峤,五代后晋时期华阳(今安徽省绩溪县华阳镇)人,同州郃阳县令。契丹会同十年(947),他作为宣武军节度使萧翰掌书记随入契丹。萧翰被告发谋反被杀后,胡峤寓居契丹七年,后隐居不仕,逃回中原。根据在契丹七年的见闻,胡峤写成记述契丹地理风俗的《陷虏记》数卷,其中记载在辽上京附近(今属内蒙古)第一次见到并品尝西瓜一事。

唐朝人吃什么糖?

病例

唐朝时,中国还没有白糖,当时中国人只吃饴糖。

诊断

唐朝时,中国人是否吃白糖这一问题尚有争议,姑且不论。但当时人不但吃饴糖也吃蔗糖,这一点是没有疑问的。

辨析

所谓饴糖,一般是以高粱、米、大麦、粟、玉米等淀粉质的粮食为原料,经发酵糖化制成的食品,又称饧、胶饴。我们的古人,尤其是北方人,的确常吃这种糖,像成语里就有"甘之如饴""含饴弄孙"等。

用甘蔗榨汁熬制的糖,叫"蔗糖"。以蔗糖为主要成分的食糖,根据纯度的高低(由高到低)又可分为冰糖、白砂糖、绵白糖和赤砂糖(也称红糖或黑糖)。

中国是甘蔗的原产地之一。古人吃蔗糖的历史也很长。文献记载,周朝时南方已种植甘蔗。先秦人所谓"柘"或"薯柘"就是甘蔗。战国时期宋玉《招魂》中提到过"柘浆"。汉代已出现"蔗"这个字,当时人所谓"石蜜"就是用甘蔗榨出的蔗糖。由此可见,中国人吃蔗糖的历史其实是比较长的。

季羡林先生有部巨著《糖史》。书中说,中国人早就知道甘蔗,而且甘蔗制糖技术也早就有所发展,但直到唐朝初年,中国制出的蔗糖仍不如印度制的糖好。贞观二十一年,唐太宗遣使者到印度学习制糖技术,取得经验回来后,改进了中国的制糖技术,此后中国所造的糖越来越好,"色味愈西域远甚",就是在颜色和口味方面远远超过了印度。其后印度又参考学习我们的制糖技术,把改进后的制糖技术传播到其他地区。

白糖是甘蔗或甜菜的汁提纯后,分出糖蜜制成的糖,白色结晶,颗粒较小。唐朝人文字中所谓"糖霜",有些历史著作认为应该就是我们今天常见的白糖。

总之,不能说唐朝的中国人"只吃饴糖"。

甘蔗

链接

古代制糖技术文献二种

在长期的制糖实践中,很多制糖方法逐步被总结出来。

南宋王灼于1130年撰写出中国第一部制糖专著——《糖霜谱》。全书共分七篇,内容丰富,分别记述了中国制糖发展的历史、甘蔗的种植方法、制糖的设备(包括压榨及煮炼设备)、工艺过程、糖霜性味、用途、糖业经济等。

  1637年初刊的明代宋应星所著《天工开物》卷六《甘嗜》中,记述了种蔗、制糖的各种方法,比《糖霜谱》一书更系统、更详尽。这些方法,在中国民间一直沿用到20世纪。书中记述的采用牛拉石辘(或木辘)多次压榨取汁的方法,与现代的甘蔗多重压榨原理相似。在蔗汁澄清方面,书中首次总结了石灰法澄清工艺,其原理在现代的制糖业中仍有沿用。《甘嗜》中总结的手工制糖工艺,成为现代机械化制糖的工艺基础。

中药材里的"怀山药"

病 例

钱远行为孝敬父母,拿来了燕窝、鱼翅、虫草、野山参、黄芪、淮山药、蓝鲸鲨、脑白金,并详细地给父母介绍补药的成分、功能与服用须知。

诊 断

名称错误。中药材里不是"淮山药",而是"怀山药"。

辨 析

山药是人们所熟知的中药材。它为薯蓣科植物薯蓣的块茎,原名"薯蓣";因避唐代宗李豫之讳而改名"薯药",后又因避宋英宗赵曙之讳再改名"山药"。

明代医药家龚廷贤所著《药性歌括四百味》称:"薯蓣甘温,理脾止泻,益肾补中,诸虚可治。一名山药,一名山芋,怀庆者佳。"怀庆,即古怀庆府,治河内(今河南省焦作市),辖境相当今河南修武、武陟以西,黄河以北地区。"怀山药"即怀庆所产山药。1962 年,我国从《本草纲目》1892 种中草药中选出 44 种为"国药之宝","怀山药"名列其中。

古怀庆府的气候环境被专家总结为"春不过旱、夏不过热、秋不过涝、冬不过冷",特别适合山药的生长。由于此地北依太行山,南临黄河,被山河怀抱,得名为"怀",又称"三百里怀川"。此处土壤的形成以黄河冲积为主,并吸纳了太行山岩溶地貌经雨水冲刷渗透而来的成分,形成了疏松肥沃的黄土地,特别适合山药、地黄、牛膝等根茎类中药材的生长。独一无二的天时、地利,是怀山药能够冠绝天下的基本条件。《现代中药学大辞典》也指出,全国山药"品种以河南怀山药、山东济宁米山药为优"。铁棍山药是产于河南省焦作市温县的山药品种,因表皮蕴含铁锈色,故称。铁棍山药属于怀山药中的"极品"。2003年8月7日,国家质量监督检验检疫总局发文对怀山药实施原产地域产品保护。

文学巨著《红楼梦》第十回中写道,张太医为秦可卿诊治之后,开出"益气养荣补脾和肝汤"的药方,其中写明"怀山药二钱炒"。

可见,中药材用的是"怀山药",而不是"淮山药"。查检古今医学药物典籍,"怀山药"随处可见,而"淮山药"难寻踪迹。

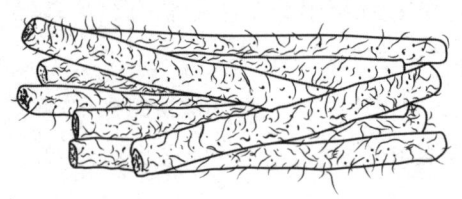

山药

链接

四 大 怀 药

四大怀药,是指古怀庆府所产的山药、牛膝、地黄、菊花等四大中药。我国最早的药物学经典《神农本草经》,把"覃怀地"(怀川)所产的山药(薯蓣)、地黄、牛膝、菊花都列为上品。

薯蓣,一名山芋,药用其根,因其药效可与人参相比,又称"怀参"。为多年生缠绕性草本,根肉质肥厚,略呈柱形,长短不等。

牛膝,又名百倍、山苋菜、对节菜、积名牛茎。宋朝称怀牛膝为怀州牛膝,明朝后称怀庆牛膝,通称怀牛膝。明代李时珍曰:"本经又名百倍,隐语之,言其药之功,如牛之多力也。"

地黄,原系野生,最早生长于咸阳一带,后传至各地。我国数省均有生产,但其最佳者为怀地黄。明代李时珍《本草纲目》记载:"江浙壤地黄者,受南方阳气,质虽光润,机时力微;怀庆府产者,禀北方纯阴,皮有疙瘩而力大。"

菊花,作为药用,以产于河南温县一带的"怀菊"最为有名,是四大怀药之一。怀菊花(珍珠菊)味甘苦,性凉。《神农本草经》:"菊服之轻身耐老。"

震级与烈度

病例

经国家地震局重新核定后,汶川地震的烈度被定格在里氏7.8级。

诊断

混淆了地震的震级与烈度这两个概念。震级是划分震源放出的能量大小的等级,分为9级;烈度是地震在地面上造成的影响或破坏的程度,与震源深度、震中距、方位角、地质构造以及土壤性质等许多因素有关,分为12度。上述"烈度"应改为"震级"。

辨析

地震烈度同地震震级有严格的区别,不可混淆。

震级衡量的是地震本身的强弱,仅仅与震源发出的地震波的能量有关。一次地震释放的能量越大,其震级也越大。地震的震级分为9级。一般小于2.5级的地震,人无感觉;2.5级以上的地震,人有感觉;5级以上的地震,就会造成破坏。一次地震只应有一个震级数值。

震级作为一个观测项目,于1935年由美国地震学家C.F.里克特首次提出。最初的震级标度,只适用于测量近震和地方震。1945年,德国地球物理学家B.谷登堡开始把震级的应用推广到测量远震和深源地震,从而奠定了震级体系的基础——利用宽频带地震仪记录远震传来的面波,根据面波的振幅和周期来计算震级。因为各国地震机构的面波震级测定结果比较一致,世界各国在公布地震和交换有关震级的信息资料时,一般都使用面波震级,即通常所说的"里氏震级"。目前,我国国家地震局在国内装设了600多个地震观测站。这些观测站内装设的仪器主要是量测地震发生时,观测站所在位置的地表加速度大小(摇晃程度)。国内地震的震级正是以加速度大小的范围来定义的。

烈度衡量同一次地震在地震波及的各个地点造成的影响程度。影响某地地震烈度的要素有五个:震级、震源深度、震中距、地质结构和地面建筑。烈度在同一次地震中是因地而异的,因为它受当地各种自然和人为条件的影响。具体地说,震级相同的地震,如果震源越浅,震中距越短,则烈度一般越高;同样,当地的地质构造是否稳定、土壤结构是否坚实,以及房屋和其他构筑物是否坚固耐震等因素,与当地的烈度高低都有着直接关系。

链接

地 震 烈 度

地震烈度,即地震发生时,在波及范围内一定地点地面振动的激烈程度。震中(极震区)的烈度最受关注。为了在实际工作中有效地评定地震烈度的高低,就有必要制定一个普适的评定标准。这个规定的标准称为"地震烈度表"。

世界各国现行几种不同的烈度表。西方国家通行的是改进后的麦加利烈度表,一共分12个烈度等级。中国按12个烈度等级来划分烈度。

行星·矮行星

病 例

人类所居住的地球这颗行星,是太阳系九大行星之一,它与太阳的平均距离为 14960 万千米。

诊 断

太阳系只有八大行星,而非"九大行星"。冥王星已被除名行星之列,降为矮行星。

辨 析

人类探索宇宙的脚步从未停止过,对星体的认识也在不断发展。以前认为太阳系有九大行星,现在则修改了行星的定义,也改变了"九大行星"这一传统观念,认为太阳系只有八大行星。而冥王星曾经是太阳系九大行星之一,现在已被降格为矮行星。

什么是行星?一是必须围绕恒星运转;二是质量足够大,能依靠自身引力使天体呈球状或近似球形;三是能通过自身引力清除轨道附近的碎物,其轨道附近没有其他物体。按这样的划分,太阳系的行星就只有水、金、地、火、木、土,加上天王星、海王星,共八颗。

在 2006 年 8 月 24 日于布拉格举行的第 26 届国际天文学联合会大会通过的第 5 号决议中,冥王星被划为矮行星,被从太阳系"九大行星"中剔除。太阳系的行星特征,冥王星不全符合:一是行星必须是围绕恒星运转的天体——冥王星相符。二是行星质量足够大,能依靠自身引力使天体呈圆球状或近似球形——

冥王星相符。三是行星的轨道附近没有其他物体——冥王星与这一条不符,冥王星的轨道是和海王星有交集的。所以冥王星被归为矮行星。从此太阳系只有八大行星。

链接

什么是矮行星?

矮行星,或称"侏儒行星",是太阳系天体的一类,环绕太阳轨道运行,质量足够大,呈球形或近球形,不是一颗卫星,也不能清空轨道附近的区域。如冥王星、谷神星和齐娜(2003UB313)等。

冥王星,意思是"地狱"里的"阎罗王",曾被认为是距离太阳最远的一颗大行星。它是在1930年由美国童波(Clyde William Tombaugh, 1906—1997)根据洛韦尔(Percival Lowell, 1855—1916)的计算,用照相方法发现,并定义为太阳系第九颗行星的。近年来,人们发现类冥王星天体不断增多,有的还比它更大更重。所以在2006年第26届国际天文学联合会大会上,它因不符合新通过的行星定义,被正名为矮行星成员。

何来"12级特大龙卷风"？

病 例

昨夜今晨,重庆受到本年初次狂风雨袭击。梁平县回龙镇发生12级特大龙卷风灾害,6人就地死亡,25人受伤。

诊 断

"12级特大龙卷风"的提法,不科学。龙卷风的等级划分只有0至5等6个级别。

辨 析

"龙卷风的级别"和"风级"是两个不同的概念。

龙卷风(Tornado)是在极其不稳定的天气情况下,由两股空气强烈对流运动而产生的一种强风涡旋,伴随着高速旋转的漏斗状云柱。龙卷风的上部是一块乌黑或浓灰的积雨云,下部则是下垂着的形如大象鼻子的云柱。

龙卷风的强度按照风速大小、路径长短和路径宽度的不同分级。增强式藤田级数(EF级)是用来量度龙卷风强度的标准,从EF0至EF5,逐级增强,是1971年由芝加哥大学的藤田哲也博士提出的。

EF0级龙卷风,风速每小时小于117公里,成灾强度为"轻度",烟囱、树枝被吹断,路标被破坏,较轻的物体被卷起,根系浅的树木倾斜等。

EF1级龙卷风,风速在每小时117～180公里,成灾强度为

"中度",屋顶被卷走,活动板房被吹翻,行驶中的汽车被刮出路面等。

EF2级龙卷风,风速在每小时181~253公里,成灾强度为"重大",屋顶和墙壁被刮跑,汽车被吹翻,火车、货车脱轨或被掀翻,大树被连根拔起,甘草包被卷走等。

EF3级龙卷风,风速在每小时254~332公里,成灾强度为"强烈",轻的物体刮起来如导弹一般,金属器具被卷走,森林中的大半树木被连根拔起,列车脱轨或被掀翻等。

EF4级龙卷风,风速在每小时333~419公里,成灾强度为"毁灭性的",汽车被卷走,一间牢固的房屋被夷为平地等。

EF5级龙卷风,风速在每小时420~512公里,成灾强度为"无可估量的",大型建筑物也能被刮起,树木被刮飞,汽车被卷上数百米高空等。电影《龙卷风》中将EF5级龙卷风称为"上帝之指",意指上帝用其手指翻弄地球。

风级是根据风对地面物体的影响程度而确定的。在气象上,英国蒲福于1805年拟定的称为"蒲福风级",自0到12共分为13个等级。1946年以来,风力等级又作了一些修改,级别增加到17级。

龙卷风的级别与风级有着一定的对应关系。EF0级龙卷风对应的风级是"12级",EF1级龙卷风对应的风级是"12~15级",EF2级龙卷风对应的风级"大于15级"。如果说一次龙卷风的风力对应的风级是"12级",则说明它是EF0级龙卷风,是最低等级的,根本不是什么"特大龙卷风"。"12级特大龙卷风"这一说法是站不住的。

> 链接

蒲氏风力等级表

风力等级	名称	风速 (m/s)	风速 (km/h)	陆上地面物象
0	无风	0~0.2	<1	烟直上
1	软风	0.3~1.5	1~5	烟示方向
2	轻风	1.6~3.3	6~11	感觉有风
3	微风	3.4~5.4	12~19	旌旗展开
4	和风	5.5~7.9	20~28	吹起尘土
5	劲风	8.0~10.7	29~38	小树摇摆
6	强风	10.8~13.8	39~49	电线有声
7	疾风	13.9~17.1	50~61	步行不便
8	大风	17.2~20.7	62~74	折毁微枝
9	烈风	20.8~24.4	75~88	小损房屋
10	狂风	24.5~28.4	89~102	拔起树木
11	暴风	28.5~32.6	103~117	损毁重大
12	飓风	32.7~36.9	118~133	摧毁极大

(13~17级从略)

七星岩是山还是洞?

病例

站在桂林的七星岩上,远近山水尽收眼底,美不胜收。

诊断

知识性差错。桂林七星岩是一个溶洞,不是山峰。

辨析

"岩"字在汉语中有多个义项,除了表示岩石外,还有两个义项:一个是岩石突起而成的山峰,另一个是石窟、岩洞。"岩"既可指"山峰",又可指"岩洞",这反映了汉语的奇妙。只不过,现代汉语中以"岩"指"岩洞"的太少,仅在地名中有保留。

中国有两个风景名胜,都叫"七星岩":一个是桂林的七星岩,它是一个天然的溶洞;另一个是广东肇庆的七星岩,它是七座小山峰。可见,两个"七星岩"中"岩"字的含义大不一样。桂林的是"岩洞"义,肇庆的是"岩石突起而成的山峰"义。

曾经有一部权威的词典,在注释"岩"字时,把桂林的"七星岩"当作义项"岩石突起而成的山峰"的语例,显然是弄错了。另一部词典在注释"岩"时,则把桂林七星岩和肇庆七星岩都当作义项"岩洞"的语例,显然也是不正确的。

桂林山水甲天下。七星岩作为重要景点之一,久负盛名。它是七星山上的一个天然巨型溶洞,古时称栖霞洞,在桂林七星公园内普陀山腹。它原来是一段地下河,至今已有百万年历史。

《徐霞客游记》卷三："亭左佛龛,当岩之口,入其内不知其为岩也。推龛后扉入,历级上约三丈,忽转而西北,豁然中开,上穹下平,多列笋悬柱,爽朗通漏,此上洞也。是为七星岩。"七星岩和芦笛岩作为桂林"三山两洞一条江"的"两洞",是桂林市区岩洞的典型代表。

肇庆七星岩是阆风岩、玉屏岩、石室岩、天柱岩、蟾蜍岩、仙掌岩、阿坡(即"阿波")岩等七个小山峰,孤峰峻拔。前六个并排而列,状若贯珠,后一岩横控其背,形似北斗七星,故名。清人张渠在其所纂《粤东闻见录》中说:"七星岩,亦曰定山,在肇庆城北六里。参差互立,不相连属,延亘二十余里。其下沥湖环之,峰皆中空,南向,唯一小者名阿波岩北向……岩名七星,实不止七峰也。"

七星岩

> 链接

"岩"表示"石窟、洞穴"义的几条语例

一字多义,是汉字的一个特点。"岩"字也是这样。兹转录几条表示"石窟、岩洞"义的语例。

① 故贤者伏处大山湛岩(湛,深也。山以大言,岩以深言。——王先谦)之下。——《庄子·在宥》

② 昨枉霞上作,盛论岩中趣。——杜甫《西枝村寻置草堂地夜宿赞公土室》

③ 石如麒麟岩作室,秋苔漫坛净于漆。——[五代]齐己《赠岩居僧》

上弦月·下弦月

病 例

苦的滋味如何，全看嘴来体现。有时这嘴是中间隆起两角下拉的下弦月，这意味着伤心；有时这嘴是上翘着两角地成了上弦月，这意味着喜悦。

诊 断

误解了上弦月、下弦月等月相概念。

辨 析

苏轼的《水调歌头》里说："人有悲欢离合，月有阴晴圆缺。"古人很早就观察到月亮有圆缺变化的特点。

月亮在圆缺变化过程中出现的各种形状，叫作月相。月相变化是在月球围绕地球公转的过程中形成的，是有规律性的周而复始的变化。月球是一个不发光、不透明的球体，我们看到的月光是它反射太阳的光。月相，实际上就是人们从地球上看到的月球被太阳照亮的部分。由于观察的角度不同，人们看到的月相亮面的大小、方向也就有差异。

农历上半月月相由缺到圆，下半月再由圆到缺。月相的变化经历是：新月—蛾眉月—上弦月—凸月（张弦月）—满月—凸月（张弦月）—下弦月—残月（蛾眉月）。农历上半月，人们看到的月亮亮面的面积逐渐变大，直到满月，亮面在右侧；下半月，人们看到的月亮亮面面积则逐渐变小，直到朔月（农历每月初一），亮面在左侧。"月黑无光称做朔，初二西天是新月。初七初八月正南,明暗各半上弦月。十五十六月儿圆,全月通明是满月。二十二三半夜升,东明西暗下弦月。黎明之前东方起,二十七八是残月。每月一次日期定,月相变化记心中。"

上弦月,是指农历每月初七或初八时的月相。这时,太阳跟地球的连线和地球跟月亮的连线成 90 度直角,月相如反 C。下弦月,是指农历每月廿二或廿三时的月相,这时太阳跟地球的连线和地球跟月亮的连线同样成 90 度直角,只是月相方向和上弦月正好相反,呈 C。

因此,上述病例中说上弦月是"上翘着两角",下弦月是"中间隆起两角下拉",都是不科学的。显然是把蛾眉月、残月错当成了"上弦月""下弦月"。

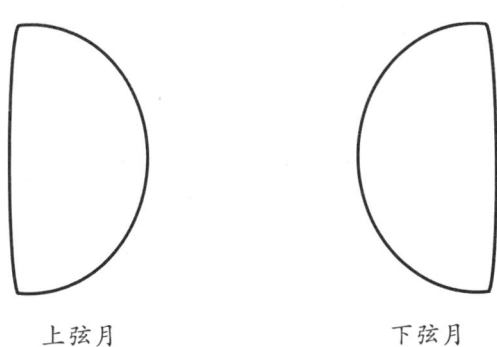

上弦月　　　　　　　下弦月

链接

谁 是 嫌 犯?

某年春节晚上,一商店被盗。第二天,公安人员审讯了最有嫌疑的两个嫌犯张三和李四。张三说是李四作的案:"昨晚十点钟,借着月光我看到李四进商店偷东西。"李四反驳道:"十点的时候,我正在家里睡觉哩。"

根据月相知识可以推断:张三最有可能是罪犯。因为,春节是农历正月初一,根本看不见月亮。张三说他"借着月光"看到李四进商店偷东西,显然是在撒谎。

日界线规定"迎来黎明的先后"

病例

是啊,毕竟经度不像纬度有一个天然的0点——赤道,划分经度的本初子午线到底是人们商量投票选出来的。迎来黎明的先后,是受这条假定线规定的——而这个孩子对此还并不知情。

诊断

地理概念混淆。在地球上,迎来黎明的先后其实是由"日界线"规定的。

辨析

日界线又叫"国际日期变更线""国际改日线",是地球表面180度经线附近的一条假想线。地球上各处因东西位置不同,日出时刻有早晚的差异。向东航行的人去迎接太阳,绕地球一周后,会感觉多过了一天;向西航行的人去追赶太阳,绕地球一周后,会感觉少了一天。为避免这种日期上的混乱,1884年,国际经度会议把180度经线作为地球上日期变更的界线:向东越过日界线,要减去一天;向西越过日界线,要加上一天。不过,为了照顾日界线附近国家和地区的使用方便,日界线虽是大致沿180度经线划定,但也有曲折。日界线的划定,规定了地球上各地迎来日出的先后。

再说"本初子午线"。在汉语文化中,"子"联系的地理方位是正北,"午"联系的地理方位是正南。子午线也叫经线(南北方向的线),本初子午线即0度经线。1884年国际经度会议议定,以通过英国伦敦格林尼治天文台旧址(1957年格林尼治天文台迁址)的经线为本初子午线,全球经度测量均以本初子午线与赤道的交点E作为经度原点。1957年后国际上改用若干测时长期稳定性好的天文台组成的平均天文台来保持经度原点E。1968年国际上以国际协议原点(CIO)作为极地原点。通过国际协议原点和E的子午线为"本初子午线"。2003年起,国际上决定以地球中间原点(瞬时地球参考系中的经度原点)作为经度原点,过地球中间原点的子午线为"本初子午线"。

本初子午线可以用来划定时区,而日界线则是用来规定全球日期变更的。地球上迎来黎明的先后,是由日界线规定的,与本初子午线无关。

链 接

古人如何表示地理方位

古人把天干和五行结合起来表示地理方位。流传的口诀是:"东方甲乙木,南方丙丁火,西方庚辛金,北方壬癸水,中央戊己土。"古人也用十二个地支(子、丑、寅、卯、辰、巳、午、未、申、酉、戌、亥)表示地理方位。比如,王莽时曾开辟一条从关中到汉中的南北通道,叫作"子午道"。颜师古解释说:"子,北方也;午,南方也。言通南北道相当,故谓之子午耳。"连接地球南北两极的假想线(经线)叫"子午线"。又如,卯时是日出东方时,故以"卯"表示东方;酉时是日落西方之时,故以"酉"表示西方。

摄氏温度的单位——摄氏度

病例

上午剩下的时间不多,余校长将全校的学生集中到五年级教室,简单说过骆雨老师的病情后,着重讲了他敢于吃苦的精神,如果不来界岭小学支教,待在省城无论哪间办公室里都会有暖气,即使像南极一样气温降到摄氏零下四十度也冻不着。

诊断

"摄氏零下四十度"应该写作"零下四十摄氏度"。

辨析

《咬文嚼字》编辑部公布的"2011年十大语文差错"中,有一条是"把'摄氏度'分开来说成'摄氏'多少'度'"。但是不少出版物还是犯了这一常见错误。

《辞海》"摄氏温标"条的解释说,摄氏温标亦称"百分温标",由瑞典天文学家摄尔西斯于1742年首创。规定在101.325千帕(1标准大气压)下的水的冰点为0℃,沸点为100℃。摄氏温度的单位为"摄氏度",用℃表示。为统一摄氏温标和热力学温标,1990年国际温标(ITS－90)对摄氏温标作了新规定:摄氏温标由热力学温标导出,摄氏温标的零点等于热力学温标中的273.15K。根据新定义,摄氏温度的数值应为 $t=T-273.15$,式中T为热力学温度。在这个新定义下,摄氏温标的零点与水的冰点并不严格相等,在目前的测量精度下两者在万分之一摄氏度内一致;水的沸点也不严格等于100℃,但差别不超过百分之一摄氏度。

"摄氏度"是一个单位名称,怎能拆开来说呢?

> 链接

温度的非法定计量单位——华氏度

华氏度在我国是非法定计量单位。美国和其他一些英语国家使用华氏度,而较少使用摄氏度。

华氏温标是18世纪德国科学家华仑海特(Gabriel Daniel Fahrenheit,1686—1736)约于1712年首创。单位称为华氏度,用℉表示。后人为了纪念华仑海特,用他的名字第一个字母"F"来表示这种温标的单位。华氏温标规定,在1个标准大气压下水的冰点为32℉,沸点为212℉,中间等分为180个刻度,每等分代表1华氏度。

摄氏度与华氏度之间的数值关系是:华氏度=摄氏度的数值×1.8+32。

南疆的降水量"每年仅50毫升"?

病例

南疆的降水量极稀少,每年仅50毫升——形象点说,上海雨季一天的雨水量,就等于南疆一年的雨水量了;而南疆的年平均蒸发量则高达2250毫升。可以想见这地方特别干燥。

诊断

计量单位使用错误。降水量、蒸发量的测定单位,均不是"毫升",而是"毫米"。

辨析

在媒体上,经常发生用"毫升"来计量某地降水量的错误。比如,"赤道附近的热带雨林地区降水量达到2000毫升","山东滕州遭暴雨突袭 一小时降雨量超80毫升"(新闻标题),"盐城今年6月份整体降水量低于往年100多毫升",等等。

我们知道,雨、雪、冰雹,它们都叫作降水。降水是天气的一个基本特征。那么,如何才能知道降水的多少呢?这就涉及一个科学术语——"降水量"。所谓"降水量",即一定时段内降落到平地上(假定无渗漏、蒸发、流失等)的降水所积成的水层深度(固态水需折算成液态水计算),以毫米数表示。一个地方降水量的多少,是用特制的雨量器来测定的。雨量器设有储水瓶。把储水瓶中收集到的雨水或融化的雪水倒入有刻度的量杯中,就可以测得规定时间内的降水量。通常我们所说的某地"年降水量",是指这个地方多年平均的降水量。

同样,蒸发量的测定单位也是"毫米"而不是"毫升"。所谓"蒸发量",是指一定时段内液体化为气体的量。气象上常用蒸发掉的水层厚度毫米数表示。水面或土壤的水分蒸发量,分别用不同蒸发器测定。温度愈高,湿度愈小,风速愈大,气压愈低,则蒸发量愈大。雨量稀少、地下水源和流入径流水量不多的地区,如果蒸发量很大,易发生干旱。

上述病例说,南疆的年平均蒸发量大于年降水量,故南疆的气候特别干燥,这是正确的;但是说南疆的降水量"每年仅50毫升","年平均蒸发量则高达2250毫升",却是不科学的。"毫升"是容量单位,1000毫升等于1升,10升等于1斗。医院经常使用的一种一次性注射器就是50毫升的。降水量一年仅50毫升,是令人无法想象的。

链 接

降水量等级的划分

"降水量"是气象术语。按气象观测规范,气象站在有降水的情况下,每隔六小时观测一次。在气象上,用降水量来区分降水的强度。可分为:小雨、中雨、大雨、暴雨、大暴雨、特大暴雨,小雪、中雪、大雪和暴雪等。

小雨。雨点清晰可见,没漂浮现象;下地不四溅;洼地积水很慢;屋上雨声微弱,屋檐只有滴水;12小时内降水量小于5毫米或24小时内降水量小于10毫米。

中雨。雨落如线,雨滴不易分辨;落硬地四溅;洼地积水较快;屋顶有沙沙雨声;12小时内降水量5~15毫米或24小时内降水量10~24.9毫米。

大雨。雨降如倾盆,模糊成片;洼地积水极快;屋顶有哗哗雨声;12小时内降水量15~30毫米或24小时内降水量25~49.9毫米。

暴雨。凡24小时内降水量超过50毫米的降雨过程统称为暴雨。根据暴雨的强度,还可细分为暴雨、大暴雨、特大暴雨三种。

小雪。12小时内降雪量小于1.0毫米(折合为融化后的雨水量,下同)或24小时内降雪量小于2.5毫米的降雪过程。

中雪。12小时内降雪量1.0~3.0毫米,或24小时内降雪量2.5~5.0毫米,或积雪深度达3厘米的降雪过程。

大雪。12小时内降雪量3.0~6.0毫米,或24小时内降雪量5.0~10.0毫米,或积雪深度达5厘米的降雪过程。

暴雪。12小时内降雪量大于6.0毫米,或24小时内降雪量大于10.0毫米,或积雪深度达8厘米的降雪过程。

细说"微量元素"

病例

据现代医学分析,每100克核桃仁中,含有蛋白质15.4克、维生素B_{11} 0.3毫克;还含有维生素C、维生素E、维生素B_2及钙、磷、铁等多种微量元素。

诊断

把钙、磷归入"微量元素"是错的。

辨析

宇宙万物无一不是由元素组成的,人体自不例外。人体内有60多种元素。根据元素在人体内的含量不同,可分为宏量元素和微量元素两大类。凡是占人体总质量万分之一以上的元素,如碳、氢、氧、氮、钙、磷、镁、钠等,称为宏量元素;凡是占人体总质量万分之一以下的元素,如铁、锌、铜、锰、铬、硒、钼、钴、氟等,称为微量元素(铁又称半微量元素)。微量元素在人体内的含量真是微乎其微,如锌只占人体总质量的百万分之三十三,铁也只有百万分之六十。微量元素是构成机体组织、酶或激活剂的组成成分,是有特殊生理功能的重要材料。

1973年世界卫生组织公布的人或动物生理必需的微量元素有14种:铁、碘、锌、硒、钴、铜、钼、铬、锰、硅、镍、钒、氟、锡。1990年,联合国粮农组织、世界卫生组织等联合专家委员会将已确定的"必需微量元素"重新分为三类:第一类为人体必需的,有碘、锌、硒、铜、钼、铬、钴、铁;第二类为人体可能必需的,有锰、硅、镍、硼、钒;第三类为具有潜在毒性,但在低剂量时对人体可能具有必需功能的,包括氟、铅、镉、汞、砷、铝、锂、锡。

钙在人体化学组成中所占的比重为1.4%,磷为1.0%。以体重70公斤的男子为例,体内钙含量约1000克,磷含量约700克。只有在人体内含量小于0.01%的化学元素,才是"微量元素",而钙和磷的含量都大大超过这个标准,所以它们不是微量元素,而是宏量元素。

链　接

微量元素与人体健康

微量元素虽然在人体内含量很少,但它们在生命过程中的作用不可低估。以下三类人群最易缺乏微量元素:

第一类人群是少年儿童。少年儿童因快速生长发育,消耗较大,补充不足,饮食结构不合理,厌食、偏食、易生病等原因,易缺乏锌、硒、碘、铁等。

第二类人群是孕妇及哺乳期妇女。因胎儿快速生长发育,消耗量较大,孕妇由于妊娠反应也往往会导致摄入不足,饮食结构不合理,易缺乏锌、硒、碘、铁、钼、锰等。

第三类人群是免疫力低下者及中老年人。免疫力低下常由于微量元素缺乏所导致;老年人由于胃肠吸收功能下降,且易患慢性消耗性疾病等原因,易缺乏锌、硒、铬等。

阿拉伯数字不是阿拉伯人的发明

病例

阿拉伯文化是对于人类文明产生重大影响的文明之一。阿拉伯人在数学上做出了许多贡献,创制了阿拉伯数字。

诊断

历史知识错误。阿拉伯数字不是阿拉伯人发明的,而是古代印度人发明的。"阿拉伯数字"这一称谓,其实是以讹传讹的结果。

辨析

在汉语中,阿拉伯数字和汉字数字并用。1、2、3、4、5、6、7、8、9、0就是"阿拉伯数字"。这些数字,追根溯源,并不是阿拉伯人发明创造的。它们最早产生于古代的印度,亦称"印度-阿拉伯数字"。

最初,印度人用梵文的字头表示数字,后来几经演变。公元500年前后,印度的天文学家阿叶彼海特,在简化数字方面进行了一项巨大的变革——他把数字记在一个个格子中,如果第一格里有一个符号(比如是一个代表1的圆点),那么,第二格里的同样圆点就表示10,而第三格里的圆点就代表100。这样,数字符号所在的位置次序也拥有了重要意义。此后,印度学者又引出了作为零的符号0。

公元7世纪,阿拉伯人逐渐征服了周围的其他民族,建立了萨拉森大帝国(中国史籍称作"大食")。后来,帝国分裂成为东、西两个国家。两个国家的历代君主都重视文化艺术,两国的都城十分繁荣。这样,西方的希腊文化,东方的印度文化都汇集于此。阿拉伯人将两种不同的文化理解并消化,催生了新的阿拉伯文化。

公元750年左右,一位印度天文学家拜访巴格达王宫,把他随身携带的印度天文表敬献给了国王。于是,印度数字以及印度式的计算方法(按照十进位制,从最高位起顺次写出各数位上的数),也就此介绍给了阿拉伯人。印度数字和计算方法十分方便,所以很快就被阿拉伯人所接受,并于12世纪初逐渐传播到欧洲。欧洲人误以为这套数字和计数方法是阿拉伯人创制的,故称其"阿拉伯数字"。但直到16世纪,其写法才和现在的写法基本一致。

大约在13至14世纪,阿拉伯数字传入中国,但一直没有受到朝廷和民间的重视。直到民国新文化运动时期,才被普遍地接受。

链接

为什么阿拉伯数字没能在古代中国推广?

有论者认为,阿拉伯数字在古代中国没有被推广使用,是因为中国古代的竖式书写方式,以及用毛笔作为写字和记账工具的习俗。

首先,古代中国几乎所有的书籍和账簿中的数字、文字,都是采用竖式书写方式。阿拉伯数字如果用竖式写出来,几乎无法阅读。所以,阿拉伯数字在中国古代书籍和账簿中无法使用。另外,13至14世纪的时候,中国古代根据筹算研制的算盘已经诞生,并推广使用。于是,原先的筹算数码逐渐被淘汰,算盘成为主要的草算工具。阿拉伯数字的草算功能,在中国古代也失去了优势。

其次,中国古代主要以毛笔作为书写工具,而外国采用鹅毛笔作为书写工具。毛笔是软笔类,鹅毛笔属硬笔类。用毛笔竖式书写阿拉伯数字,既不方便写,也难以读出;而用鹅毛笔,采用横式书写数字,则既便捷又直观。

从近代发轫的新文化运动时期开始,中国把书籍和账簿的书写方式从竖式逐步改为横式,顺序也改为从左到右书写。同时,书写工具也发生了变化,有了钢笔、铅笔等多种书写工具。这两方面的改革,为阿拉伯数字的运用创造了条件。从此,阿拉伯数字在中国大地上才被广泛地运用。

社 会 篇

是"欢喜佛",还是"弥勒佛"?

病例

79岁的钱先生慈眉善目,笑口常开,宛如一尊欢喜佛,我把这个第一印象说出来,满车皆笑,钱先生笑得尤其开心。

诊断

佛教知识欠缺。"欢喜佛"的特征不是什么"慈眉善目,笑口常开"。应改为"弥勒佛"。

辨析

欢喜佛也称"欢喜天",佛教天神,原为古印度传说中的神,后为佛教密宗所沿用,即佛教的"欲天"和"爱神"。塑像有单身、双身两种。双身者,相传男天为大自在天的长子,女天为观音的化身,作裸身拥抱状。

弥勒佛,佛教大乘菩萨,释迦牟尼的弟子,先于释迦牟尼入灭,著名的未来佛。我国许多地区也称"笑佛"或"笑面佛",是我国民间普遍信奉、广为流行的一尊佛。我国的弥勒塑像,胸腹坦露,面带笑容。据说此佛常怀慈悲之心。"弥勒"是姓氏,是梵文 Maitreya 的音译简称,意译"慈氏"。《弥勒上生经》说他现住兜率天,《弥勒下生经》说他将从兜率天下生此凡界,在龙华树下继承释迦牟尼而成佛。公元5世纪,无著、世亲所建立的大乘瑜伽行派学说,传说是出于弥勒的讲授。中国寺院多供奉笑口常开的大肚弥勒佛像,实为五代时自称"契此"的布袋和尚。传说布袋和尚身材矮胖,肚子特大,常用竹竿挑着个大布袋东游西荡化缘。他逢人便笑,言语无常却每多灵验,因而名噪一时。他圆寂时说一偈:"弥勒真弥勒,化身千百亿。时时示时人,时人自不识。"因传说契此和尚系弥勒的化身,故后人造像作为弥勒供奉。隋唐以来,农民因不堪统治者的残酷剥削,曾多次利用"弥勒降生"为号召,聚集力量,举行起义。

"欢喜佛"与"弥勒佛"相去甚远。不能望文生义,因弥勒佛呈欢喜之相便称他为"欢喜佛"。

链接

弥勒造像的演变

历史上的弥勒形象共有三个阶段。

第一个形象出现在十六国时期,是交脚弥勒菩萨形象。依据《弥勒上生经》,他本是凡夫俗子,后上生兜率天,成为登十地成等正觉的菩萨,演说佛法,解救众生。

第二个形象出现在北魏时期,演变为禅定式或倚坐式佛装形象。依据《弥勒下生经》,他将由兜率天下到人世间,接替释迦牟尼佛进行教化,由菩萨变为未来佛。

第三个形象出现于五代,再演变为肥头大耳、咧嘴长笑、身荷布袋、袒胸露腹、盘腿而坐的胖和尚形象。该形象依据后梁时期一个自称弥勒化身的僧人模样,不再具有以前那种庄严凝重的宗教意蕴,变得随和、贴近生活,可以随意调侃、揶揄。这是弥勒世俗化的必然结果。有一副流传甚广的对联,描写这一想象:"大肚能容,容天下难容之事;开口便笑,笑世间可笑之人。"

战国时有"和尚""尼姑"吗?

病 例

战国末期,燕国太子丹的妹妹芥兰公主与剑客荆轲之间发生了爱情。芥兰公主有这样一句话:"有花和尚,就会有花尼姑……没什么新鲜的……"

诊 断

佛教常识错误。战国时代,佛教尚未传入中国,其时中国没有和尚和尼姑。

辨 析

佛教传入中国内地的时间,一说为西汉哀帝元寿元年(前2)。当时有个叫景卢的博士弟子,曾听西域大月氏使者伊存讲浮屠(梵语"佛陀"的音译)经。这是佛教最早进入中国的记载(见《三国志·魏志·东夷传》注引《魏略·西戎传》)。一说为东汉明帝永平十年(67)。早先去天竺(印度)求佛的蔡愔,同天竺高僧摄摩腾、竺法兰携佛像及佛经回到洛阳(东汉京城),汉明帝为褒奖驮回佛经历尽辛劳的白马,便在洛阳建造寺院,赐名白马寺。这是我国第一座佛教寺院。

佛教传入中国内地,初期仅仅被视为神仙方术的一种。至东汉末,随着安世高、支娄迦谶(简称"支谶")首译汉文本佛经的行世,佛教教义开始与中国传统伦理和宗教观念相结合。经三国两晋到南北朝四五百年间,佛教寺院广为建造,佛经的翻译与研究日渐发达,到隋唐达到鼎盛,产生三论、律宗、天台、华严、唯识、禅宗、净土、密宗等许多具有中国特色的宗派。

"花和尚"指不守佛家戒规的和尚（吃肉、喝酒、淫乱，等等）。佛教传入我国后，佛教徒起先称"僧人""比丘""沙门"等。"和尚"者，系印度俗语，起初音译为"和社""和阇"，后又作"和上""和尚"。如东晋时期的西域高僧鸠摩罗什，曾师从盘头达多，后来鸠摩罗什又劝盘头达多学习大乘禅法。因而盘头达多对鸠摩罗什说："和上是我大乘师，我是和上小乘师矣。"另据《晋书·佛图澄传》："于是，国人每相语曰：'莫起恶心，和尚知汝。'"可见，"和尚"作为对僧侣的称谓，时间上在我国应该晚于东汉。

"尼姑"这个名称的出现比"和尚"更晚。据清代梁绍壬《两般秋雨庵随笔》记载，东汉时有女佛教徒，但还没有"尼姑"这个名称，直到东晋时才开始出现"尼姑"之称。

秦始皇于公元前221年灭六国一统天下，结束战国时代，尔后二百多年佛教方传入中国内地。战国时期的芥兰公主嘴里不可能蹦出"花和尚""花尼姑"一类词语来。

链接

"佛"的含义

"佛"，是梵语 buddha（佛陀）音译的略称。亦译"佛驮""浮陀""浮屠""浮图"等，意译"觉者""觉"。觉有三义：自觉、觉他（使众生觉悟）、觉行圆满，是佛教修行的最高果位。据称，凡夫缺此三项，达到声闻、圆觉者缺后两项，菩萨缺最后一项，只有佛才三项俱全。小乘佛教一般用作对释迦牟尼的尊称；大乘佛教除指释迦牟尼外，还泛指一切觉行圆满者，认为其数甚众。

"凤凰涅槃"并非佛经故事

病 例

佛经故事中说,垂死的凤凰投身火中,燃为灰烬,后来从灰烬中重生,成为美丽永生的凤凰。

诊 断

佛经故事中没有"凤凰涅槃"。

辨 析

"涅槃"是佛教语。梵语的音译。旧译"泥亘""泥洹"。意译"灭""灭度""寂灭""圆寂"等。这是佛教全部修习所要达到的最高理想,一般指熄灭生死轮回后的境界。东晋僧肇《涅槃无名论》:"涅槃之道,盖是三乘之所归,方等之渊府。"《魏书·释老志》:"涅盘译云灭度,或言常乐我净,明无迁谢及诸苦累也。"后引申作为死亡的美称。

佛经中并无凤凰涅槃的传说。凤凰(Phoenix,不死鸟,又译"菲尼克司")浴火重生的故事,产生于古代的西方。

当代著名学者钱锺书先生,曾解答过这个问题。上个世纪八十年代,画家黄永玉先生想要了解"凤凰涅槃"的文字根据,查遍《辞源》《佛学大辞典》《中华大辞典》及人民日报社资料室,始终没有结果。于是,他向钱锺书先生请教,钱先生在电话中告诉他:"(凤凰涅槃)是郭沫若1921年自己编出来的一首诗的题目。三教九流之外的发明,你哪里找去?凤凰跳进火里再生的故事那是有的,古罗马钱币上有过浮雕纹样,也不是罗马的发明,可能是从希腊传过去的故事,说不定和埃及、中国都有点关系……这样吧!你去翻一翻大英百科……啊!不!你去翻翻中文版的《简明不列颠百科全书》,在第三本里可以找得到。"黄先生马上找到了。《简明不列颠百科全书》第3卷(1986年版)第二个"凤凰"词条中说:"在古埃及和古希腊罗马,它是传说中的一种鸟,同太阳崇拜有关。埃及的凤凰据说和鹰一样大,有红、金二色艳丽的羽毛,鸣声悦耳动听。任何时候,凤凰只有一个,寿命很长。当它快要死时,便用芳香的树枝和香料造巢,然后点燃,把自己烧死在里面。从柴火堆里奇妙地跳出一只新的凤凰。"

链接

古希腊神话中的不死鸟

古希腊的神话传说中,不死鸟生活在阿拉伯半岛上的一口枯井附近。每当黎明来临时,鸟儿就在清晨的阳光下沐浴,并唱着美妙动听的歌。太阳神这时就停下他的战车,静静地聆听这动听的歌声。每当不死鸟知道自己要接近死亡的时候,它都会用芬芳的树枝来筑巢,然后在火焰中自焚。当它快燃尽的时候,会有一只新生的不死鸟从火焰中飞出。它会用没药树的汁液涂在死去不死鸟的尸体上,并和它一起飞向太阳之城。它会将卵放在太阳神的祭坛之前。

在世界各地都有类似的神话,例如俄罗斯的火鸟(Firebird)、埃及的太阳鸟(Benu)、美洲的叶尔(Yel)和阿拉伯的安卡(Anka)等。所有这些鸟,都有死而复生的特点。

"北京"与"北平"

病例

林海音,1918年阴历三月十八日生于日本,五岁那年到北平。

诊断

误说历史,不知北京改称"北平"的确切年代。1923年时,北京仍称"北京",改称"北平"是五年以后的事。

辨析

北京是世界历史文化名城和古都之一,有3000多年建城史,800多年建都史,曾为辽、金、元、明、清五朝帝都。1949年10月1日中华人民共和国成立,北京从此成为新中国的首都。

历史上,北京的名称几经嬗变,一度称"北平"。北京改称"北平"的起始日,是1928年6月28日。

北伐战争(1926—1927年)时,北洋政府控制在以张作霖为首的奉系军阀手中。1928年6月4日,张作霖连夜撤离北京,退出山海关外。张的专列在到达沈阳附近的皇姑屯(京奉铁路和南满铁路交叉的三洞旱桥)时,被日本关东军埋下的炸药炸毁,张身负重伤,稍后死亡。同日,当时的国民政府(即北伐军政府)任命阎锡山为京津卫戍总司令,接管北京军政大权。6月8日,阎进驻北京。6月15日,国民政府宣布统一告成,决定定都南京。6月20日,宣布改直隶省为河北省。6月28日,改北京为"北平特别市",设北平特别市政府。1937年七七事变后,北平被日军占领,改称"北京"。抗日战争胜利后,1945年8月复称"北平"。

1949年2月,北平和平解放。同年9月21日至30日,中国人民政治协商会议第一届全体会议在北平召开,会上通过了中华人民共和国定都北平、恢复"北平"为"北京"的决议。

将北京称为"北平",乃是启用了北京的旧称。原来,北京秦汉时称为"右北平郡",晋隋时称"北平郡"。之后宋代称"燕山府",辽占时称"燕京",金代名"中都",元代名"大都"。1368年,明灭元后,定都金陵(今南京),并在金陵设应天府,辖若干县;在元之大都设北平府,辖若干县。1398年朱元璋死,传位长孙朱允炆。1403年朱元璋之子朱棣夺得皇位后,以北平府为皇帝之行在,改称"北京"。1421年(永乐十四年)迁都北京,改府名"北平"为"顺天";将原都城金陵改称"南京",作为皇帝的行在。清代仍以北京为国都,仍称北京。

链接

北京地名的雅化

通过对比北京明代和现代地名用词,可以发现,现代北京地名避俗趋雅,一些具有书面色彩的语词大量出现在地名里。把俗名改为雅名,一是谐音改名。著名的如"中官村"改为"中关村"。中关村,顾名思义,中枢关键之村;而中官村,则表明此村与中官(即太监)有关系。此村原有大片坟地。关于此村名字的来历有多说。一说,此村原名中官坟,因该地葬有不少太监,后聚民成村,因忌讳"坟"而改称村,后讹为"中关村";另一说,清代某中官于此置田庄,故名中官村,后谐音今名。二是避俗。如

"豹房胡同"(皇官养豹之所)改为"报房胡同"。"报房"一说不知何义,但因避免了"豹"字而显得雅化了。再如"奶子府"(明代为皇子选乳母处,乳母俗称奶子)曾一度改为"乃兹府"。"乃兹"不成文,但因避免了"奶子"而雅化了。朝阳区崔各庄有"奶子房(营)",其名不曾避俗改动,可能是因为此处元代为马奶产地,奶子是指马奶子。

漂母漂洗的是棉絮？

病例

韩信青年时期，家境贫寒。一次，他在城下钓鱼，有几位漂母正在那里漂洗棉絮。其中一个漂母见韩信饥饿难耐，就送饭给他吃。

诊断

漂母漂洗的不是"棉絮"，而是丝绵。

辨析

司马迁在《史记·淮阴侯列传》中云："信钓于城下，诸母漂。有一母见信饥，饭信，竟漂数十日。"这是说韩信落魄时，在家乡淮阴(今江苏省淮安市淮安区)城外钓鱼。河边有一群洗衣妇，其中一位看韩信饿得可怜，就把自己的饭给了韩信。漂母漂洗的是"棉絮"吗？非也。

漂洗棉絮，与我们的日常生活经验不符。棉衣、棉被是不能水洗的。棉絮浸水后，不仅会发黄，而且也不再蓬松了，保暖性能会大大降低。我们也没见到过在水中漂洗棉絮的情景。

在西汉以前，棉花尚未传入我国中原地区及内地。秦汉之际，处于淮河流域的淮阴地区的妇女们不可能在河边漂洗棉絮。其实，漂母漂的是丝绵，而不是我们今天常用的棉絮。在韩信所处的秦汉之际，衣物的原料是丝、葛、麻，而不是棉花。丝绵就是剥取蚕茧表面的乱丝整理而成的像棉花一样的东西，是当时做被子、冬衣等的常用必需品。漂，是当时的一道工序，就是把丝绵上的灰尘等杂质用水洗去,晾干后以备使用。

> 链接

棉花何时传入我国?

在我国,棉花古称"吉贝"等,棉布古称"白叠""吉贝布"等。据文献记载,至少在两千年以前,我国海南、云南、新疆等地区已采用棉纤维作纺织原料。宋代周去非《岭外代答》就说海南岛的妇女"衣裙皆吉贝,五色灿然"。从三国到北宋,棉花种植和棉纺织技术逐渐扩大到闽广地区。

根据植物区系结合史料分析,一般认为棉花是由南、北两路向中原传播的。

南路,最早是印度的亚洲棉,经东南亚传入海南岛和两广地区。据史料记载,时间至少在秦汉时期。之后传入福建、四川等地区。第二条途径,由印度经缅甸传入云南,时间大约在秦汉时期。北路,是非洲棉经西亚传入新疆、河西走廊一带(古籍称"西域"),时间大约在南北朝时期。

在中原地区,起初人们只将棉花作为观赏植物,并未认识到它的经济价值。9世纪著名的阿拉伯旅行家苏莱曼在其《苏莱曼游记》中记述:在今北京地区所见到的棉花,还是在花园里被作为"花"来观赏的。南宋初年,江南仍重蚕桑,棉纺织业也还没有推广到这一地区。南宋末年,棉花种植及棉纺织业已扩大到江南地区。元代以后,棉花种植普遍推广到全国各地,棉纺织技术也有了重大进步,从而使棉布逐渐成为人民大众最主要的衣着原料。

敖包就是蒙古包吗?

病例

敖包相会,就是青年男女躲在一个叫敖包的蒙古包里约会。

诊断

敖包不是蒙古包,年轻人不可能躲在敖包里约会。

辨析

敖包与蒙古包是不同的概念。

蒙古包是对蒙古族牧民居住的圆顶的毡子帐篷的称呼。"包"是"家""屋"的意思。蒙古包古代文献称"穹庐",又称"毡帐""帐幕""毡包"等。蒙古语称"格儿",满语为"蒙古包"或"蒙古博"。它是游牧民族为适应游牧生活而创造的一种居所,易于拆装,便于游牧迁徙。

敖包则是蒙古族人做路标和界标的堆子,用石头、土、草等堆成。1950年代电影《草原上的人们》的插曲《敖包相会》,使得"敖包"一词获得很高的知名度。可是对蒙古族以外的绝大多数人来说,敖包仍然是一个模糊或陌生的概念。有人说,敖包可能指蒙古包;有人说,敖包是寺庙的意思……这些都是对"敖包"的误解。

在无际的大草原上,人们时时会看到巨大的石堆,上插有柳枝,缠有五颜六色的神幡。这种矗立在草原上的巨大石堆,就叫"敖包"。敖包一般位于高坡或丘陵之上,形状多为圆锥体,高达数丈。从远处看,好像一座座尖塔。"敖包"是蒙古语,义即"堆子",也有译成"脑包""鄂博"的,义为木、石、土堆。敖包就是由人工堆成的石头堆、土堆或木块堆。旧时遍布蒙古各地,如今数量大减。

敖包原来是用石头堆成的道路和境界的标志,后来被当作神灵的住地来祭祀。牧人每次经过敖包,都要在敖包上放几块石头;客人每到敖包前,一般都要按蒙古族习俗顺时针绕敖包三周,同时心中许愿,并在敖包上添加石块以求心愿得偿。

随着喇嘛教在蒙古社会的传播,到了清朝,有了以部落为单位、每年举行一次"祭敖包会"的习俗。祭祀一般都在旧历五月中旬举行。牧民们在祭敖包仪式结束后,举行传统的赛马、射箭、摔跤、唱歌、跳舞等娱乐活动。姑娘和小伙子则借此机会躲进草丛里,谈情说爱,互诉衷情。这才是"敖包相会"。

蒙古包

> 链接

祭祀敖包

敖包是蒙古族的重要祭祀载体。蒙古族传统的敖包祭祀,其形式大致有三种:

一是血祭,即宰杀壮牛肥羊供奉在敖包前以祭祀神灵。

二是洒祭,就是"洒注礼",即在敖包前滴洒鲜奶、奶油、奶酒等以祈求幸福。到了近代,还增加了白酒、点心等祭物。

三是火祭,即在敖包前堆积干树枝或干的牛、马、羊粪,点燃,祭祀者排队绕火三圈,边转圈边念着自家的姓氏;然后供上祭品,把全羊投入火堆里。火烧得越旺越好,因为这象征家族各业兴旺。

现代蒙古族人祭祀敖包,实质上就是对传统祭祀神灵祈求赐福消灾习俗的传承。

说书人用不着惊堂木

病例

近三个小时的时间里,他困了就在书场的躺椅上打个盹,惊堂木一敲,一惊醒,发现先生正好讲到有意思的了,就连忙坐起来。听累了,再起来走动走动。

诊断

误解词语。"惊堂木"应改为"醒木"。

辨析

惊堂木与醒木是两种不同的器具。

旧时官员审判案件时,为了摆威风,常用一个长方形木块敲击案桌,以警戒、吓唬受审者。这种木块就叫"惊堂",亦称"惊堂木"。《醒世恒言·一文钱小隙造奇冤》:"大尹把惊堂在桌上一连七八拍,大喝道:'你这该死的奴才!……你若巧辩,快夹起来!'"清代孔尚任《桃花扇·归山》:"[拍惊堂介]叫左右预备刑具,叫他逐个招来。"清代李伯元《文明小史》第六回:"傅知府坐在上头……听了他自称'举人',便把惊堂木一拍,骂道:'你自己犯的罪还不知道么?'"评书场并非审判场所,哪里用得着"惊堂木"呢?

其实,评书演员也有一块拍桌子用的小木块(也有用玉石制的),但那不叫"惊堂木",而叫作"醒木"。敲击醒木,是为了加强语言气势,或使听众肃静,集中听众注意力。清代孔尚任《桃花扇·听稗》:"[拍醒木说介]敢告列位,今日所说不是别的,是申鲁三家欺君之罪,表孔圣人正乐之功。"清代李汝珍《镜花缘》第八三回:"(紫芝)于是把醒木朝桌上一拍,道:'列位压静。'"

媒体中经常发生把醒木误称为惊堂木的现象。杭州的大华评书场,因旧城改建几经搬迁,后来重返原址开张营业。《钱江晚报》头版头条新闻报道了这件事,用的标题是九个黑体大字:"大华书场又闻惊堂木"。显然这里的"惊堂木"应该是"醒木"。

惊堂木与醒木,两者作用不同,名称迥异,混为一谈,岂非笑话?

链 接

从惊堂木到法槌

法槌是法官用于庭审活动的一种法器。法槌上有体现中国传统司法精神的独角兽雕刻。法槌槌身及底座质地坚硬而有光泽,抗弯曲耐腐蚀,寓指人民法官刚直廉洁、坚韧不拔的品质。法槌并非舶来品,它真正的祖先恰恰是我国古代的惊堂木。

我国自2002年6月1日起,法庭开庭审理案件时,由审判长或独任审判员使用法槌。法槌的使用,是与国际司法审判工作接轨的一个标志,和封建时期公堂上使用的惊堂木不同。惊堂木固然可以起到维护审判秩序的作用,但它的使用具有很强的随意性;而敲击法槌有着严格的程序和规定。两者有着完全不同的性质。从惊堂木到法槌,不只是形式上的变化,也反映了我国法律功能和司法理念的深刻变化。

青天白日旗？青天白日满地红旗？

病例

邓丽君去世后,当时台湾当局为邓丽君颁发了褒扬令,特颁"艺苑扬芬"挽额;邓丽君治丧委员会主任委员是时任"台湾省长"的宋楚瑜。安葬之时,邓丽君灵柩上覆盖着青天白日旗和国民党党旗。

诊断

青天白日旗就是中国国民党党旗。应该说成"邓丽君灵柩上覆盖着青天白日满地红旗和国民党党旗"。

辨析

反映民国历史的新闻报道,经常将"青天白日旗"与"青天白日满地红旗"混淆。

青天白日旗与青天白日满地红旗,图案相异,作用不同。这两面旗帜都与历史上的中华民国有关。青天白日旗是中国国民党的党旗,青天白日满地红旗曾是中华民国的国旗。

1895年孙中山约集陆皓东等人准备广州起义,他觉得革命成功指日可待,有必要准备一面国旗,并希望陆皓东筹办此事。很快,陆皓东就将自己设计的一面旗帜的样式交给孙中山。这就是第一面青天白日旗。孙中山对陆皓东的设计赞叹不已。兴中会决定采用青天白日旗作为反清的旗帜。

青天白日旗首次用于战场上,是1900年的惠州起义。1905年同盟会在东京成立,由于此前青天白日旗已用于战场,革命党人认为此旗容易被认为是军旗,因此有必要再制定一面新的国旗。1906年,革命党人专门召集会议商讨国旗问题。起先,孙中山坚持认为,"此旗(青天白日旗)为陆皓东所发明,兴中会诸先烈及惠州革命军将士先后为此旗献血,不可不留作纪念",并说"我在南洋所见所闻,托命于此旗者数万人,如欲毁弃此旗,先摈绝于我"。大家争执不已,莫衷一是。后来,孙中山表示可以用三色旗即"青天白日满地红旗"(将原来的带12道叉光的"白日"移到旗帜的左上角,占整面旗帜的四分之一,蓝底上其余四分之三为红色)取代青天白日旗。孙的提议得到众人的认可。三色旗(青天白日满地红旗)因此取代青天白日旗成为国旗,而青天白日旗则正式成为革命军军旗。此后青天白日旗与三色旗(青天白日满地红旗)一道多次亮相于战场,起义虽多败绩,但两面旗帜却受到广泛的关注。

1911年辛亥革命爆发,各省纷纷独立,并没有统一使用三色旗(青天白日满地红旗)为国旗,在后来讨论国旗时又发生了激烈的争论。最后,五色旗(旗帜上有红、黄、蓝、白、黑五色横长方条,表示汉、满、蒙、回、藏五族共和)取代三色旗(青天白日满地红旗),成为中华民国国旗。

1920年11月25日,孙中山在广州重组军政府,宣布以青天白日满地红旗为中华民国国旗。1924年6月,中国国民党重申"以青天白日满地红旗为国旗"。1927年,南京国民政府成立,宣布恢复使用"青天白日满地红旗"为南京国民政府的国旗,"青天白日旗"为国民党的党旗。

有一点值得注意。在民国早期,"青天白日旗"既是专称,也是统称(所有以青天白日徽为主要图案的旗帜)。"青天白日满地红旗"在单独出现或与其他非青天白日类旗帜同时出现时,通常径直以"青天白日旗"称之。

> 链 接

旗帜寓意臆说

青天白日旗。"青天白日"意味着自由平等和正大光明,体现了西方的自由民主观念;在"白日"的四周还有12个角(又名叉光),如太阳光之辐射状,对应着地球上一昼夜的12个时辰,也与中国传统文化的"地支"相应。

青天白日满地红旗。红色是血的颜色,象征着愿为革命而流血,蓝色是天空的颜色,象征着公正平等;白色是清洁之色,意味着博爱。三色在一起,就是自由、平等和博爱,正与孙中山等人所倡导的三民主义相吻合。

皮影戏用不到木偶

病例

皮影戏是什么？就是用牵线木偶来演出的荒唐剧呀……

诊断

误说皮影戏。其一，皮影戏题材丰富，并非专演荒唐剧；其二，皮影戏是用皮影演出的戏剧，和木偶（木头做的人像）无关。

辨析

皮影戏旧称"影子戏"或"灯影戏"，是一种用灯光照射人物剪影（皮影），以表演故事的民间戏剧。皮影戏堪称当今影视艺术的鼻祖。它起源于中国，是最早的戏曲剧种之一。据史书记载，皮影戏源远流长，始于先秦，兴于汉朝，盛于宋代，元代传至西亚和欧洲。

演出所用的皮影，最初用厚纸雕刻；后来采用驴皮或牛羊皮刮薄，再行雕刻，并施以彩绘，其造型风格类似于民间剪纸。皮影人物的手、腿等是分别雕制后用线连缀在一起的，能自如地活动。表演时，艺人们在白色幕布后面，一边操纵戏曲人物，一边用当地流行的曲调唱述故事，同时配以打击乐器和弦乐，有浓厚的乡土气息。

至于木偶剧，顾名思义，就是用木偶演出的戏剧。中国的木偶剧最早始于汉代，到唐宋的时候已经很发达了。根据木偶形体和操纵形式的不同，可以分为布袋木偶、提线木偶、杖头木偶等种类。

布袋木偶,又称掌中木偶、手套木偶等。头部中空,颈下缝合布袋连缀四肢,外着服装。演员的手掌伸入布袋作为偶人躯干,五指分别撑起头部及左右臂,相互协调操纵偶人做各种动作;偶人双脚可用另一手拨动,或任其自然摆动。

提线木偶又称线偶或线戏,也叫悬丝木偶。在木偶的重要活动部位如头、背、腹、手臂、手掌、脚趾等,各缀丝线,演员拉动丝线以操纵木偶的动作。

杖头木偶又称托棍木偶,在木偶头部及双手部位各装操纵杆,头部为主杆,双手为侧杆。演员操纵时左手持主杆,右手持侧杆,举起木偶操纵其动作。

简言之,木偶是木刻的像,是立体的;皮影是皮雕的像,是平面的。看木偶剧时,观众和木偶之间没有任何东西隔断;而看皮影戏时,观众和皮影之间还隔着一个影窗。

链接

皮影戏的起源

相传,两千多年前的一天,汉武帝爱妃李夫人染疾故去。武帝思念心切,神情恍惚,终日不理朝政。众大臣十分焦急,一筹莫展。

大臣李少翁一日出门,路遇一个孩童手拿布娃娃玩耍。布娃娃的影子倒映于地,栩栩如生。李少翁心中一动,回去后用帛裁成李夫人影像,涂上色彩,并在手脚处装上木杆。入夜,他围方帷,张灯烛,恭请武帝坐在帐中观看。武帝看罢,龙颜大悦,从此对这种影子戏着了迷。

这个载入《汉书》的爱情故事,被认为是我国皮影戏的渊源。

铜板、铜钱大不同

病例

我们大太太找到这边太太,跟他好好商量,看能否从宫中拿出些银子来,把我们那边的苦主摆平,岂不是息事宁人作积德的事?你猜这边太太说的什么?竟道,咎由自取,无可救药,一个铜板不出。(《刘心武续红楼梦》第八十八回)

诊断

混淆了铜钱与铜板(铜元或铜圆的俗称)的区别。曹雪芹时代距离铜板的出现大约有150年之久,其时绝对不会有"铜板"。

辨析

铜钱与铜板不是一回事。

"铜圆(元)",中国旧时所铸各种新式铜币的通称,中间无孔,俗称"铜板"。1900年(清光绪二十六年)在广东开始铸造,其后相继在各省铸造。光绪年间流通最广的铜圆,正面图案是一条蟠龙,上面一圈铸有"光绪元宝"四字,反面有"当制钱十文"。(明清时期的铜钱称"制钱"。为明清官局监制,圆廓方孔,重量、大小、成色均有定制,故名。)1905年,铜圆正面开始铸"大清铜币"四字。1911年,"大清铜币"四字镌于背面龙纹四周。民国初期的铜圆,正面是两面交叉的旗帜——一面表示五族共和的红黄蓝白黑的五色旗;一面中间一个圆圈,周围围着若干小圆点。

铜钱是古代铜质辅币。圆形,中有方孔,也有圆孔的。铜钱历史悠久。战国时期有方孔圜钱。秦统一六国后,统一币制,以铜钱为下币,铸造方孔圆钱——"半两"推行全国。(铜钱的形状外圆内方,象征天圆地方。)这种货币形态,除王莽时期一度不用外,前后用了2000多年。民国初年还曾有过最后一种方孔钱——民国通宝,数量极少,并未广为流通。

据周汝昌先生考证,曹雪芹生于清雍正二年(1724)。其时流通的是铜钱,即"康熙通宝"。尚无铜板出现。

铜圆(铜板)

铜钱

链接

"孔方兄"的由来

孔方兄,古钱币的别称,又称"孔方""家兄"。古人把一百来个半成品铜钱穿在一根棍子上修锉外沿。如果用圆棍穿钱,修锉时会来回转动,而方棍穿钱,就避免了这些麻烦。于是铜钱中间有了方孔。钱为何称"兄"?钱(繁体字作"錢")字由"金、戈、戈"组成,"戈""哥"音同,于是"称兄道弟"。

还有一种说法。晋惠帝元康(291—299)年间,很多人贪得无厌。针对这种社会现状,鲁褒作《钱神论》以讥讽世风。文中说钱是"神物"。"无位而尊,无势而热,排朱门入紫闼。钱之所在,危可使安,死可使活;钱之所去,贵可使贱,生可使杀。是故忿诤辩讼,非钱不胜;孤弱幽滞,非钱不拔;怨仇嫌恨,非钱不解;令问笑谈,非钱不发……"

"开元通宝"是开元年间铸造的吗?

病 例

唐代经济发达,商贸繁荣。杜甫的《忆昔》诗说:"忆昔开元全盛日,小邑犹藏万家室。稻米流脂粟米白,公私仓廪俱丰实。"诗中的"开元"是唐玄宗的一个年号,唐玄宗开创了"开元盛世",盛世所铸的钱币就叫"开元通宝"钱。

诊 断

"开元通宝"钱币非唐玄宗开元年间铸造的,钱上的"开元"二字也不是指唐玄宗的年号"开元"。

辨 析

古代通宝钱币,在"通宝"二字前一般冠以年号、时代或国名,铸于币面。如明代的大明通宝、清代的乾隆通宝等。其中,冠以年号的通宝钱较多,尤其是清代,全是冠以年号的通宝钱。但是,唐代的"开元通宝",并非年号钱;钱币上的"开元"二字,不是皇帝的年号,而是"开辟新纪元"的意思。

"开元通宝",始铸于唐高祖武德四年(621),当年废五铢后开始铸造。币面有"开元通宝"四字,钱文为唐初大书法家欧阳询制词并书,文字隽秀、挺拔,时称其工。有人回环读作"开通元宝",为后世铜币以"通宝"或"元宝"为名的由来。"其词先上后下、次左后右读之。自上及右回环读之,其义亦通,流俗谓之'开通元宝钱'。"(《旧唐书·食货志上》)实际上,该钱文的直读与旋读,在唐朝都存在,只是后来直读占了上风,成为主流。标准开元钱重二铢四絫(十黍为絫,十絫为铢),每十枚重一两。唐以后的衡法改用两、钱、分、厘的十进位法,其中的一钱,即指开元钱一枚的重量。此后,高宗、武后、玄宗时期均有铸造,因轻重大小折中,远近便之,故成为唐代标准铜币。

唐武宗会昌五年(845),武宗毁佛,以废寺中铜像、钟鼎熔铸新的开元通宝。此钱与武德年间铸造的开元通宝钱轻重大小相同,只是背面铸有"昌"字,或以一字代表州名。如扬州铸币用会昌之"昌"字,京兆府用"京"字,河南府用"洛"字等。此钱称"会昌开元通宝",俗称"会昌开元"。

唐代开元通宝的铸制与流通,在我国钱币发展史上有着划时代的意义。开元通宝简称"开元钱"或"通宝钱"。"开元"寓意"开国奠基","通宝"寓意"流通宝货"。铜钱名曰"通宝",反映了当时人们对货币作用有了进一步的认识;以钱为宝,则意味着货币即财宝观念的增强和人们对其崇拜程度。

此后,五代十国时期的南唐、闽国以及清太平天国也都曾铸造过"开元通宝",制度大小皆仿唐武德开元通宝。其中,南唐元宗时铸的是铁钱。日本、越南、朝鲜钱制也受到开元通宝的影响。

链 接

开元通宝——铸币史上的一个新纪元

"开元通宝"的铸造,开了我国铸币史上的一个新纪元。

秦始皇统一全国后,用圆形方孔的"半两"钱作为全国统一的货币。西汉前期,币制混乱,私铸甚多。汉武帝时改定币制,以"五铢"钱为通用货币。汉五铢钱在隋以前流通了七百多年,其间历经盛衰,大小轻重已无统一标准。即使隋五铢也有大小多种样式。至隋末战乱,社会上薄小劣钱大量出现。再加上前代周、齐、梁旧钱的流通,则通货之状况极度混乱。唐建国后,为适应其统治需要,于高祖武德四年(621)七月着手整顿货币,颁诏废五铢钱,改铸统一的"开元通宝"。从此,货币从记重的铢两制,演变到按数记值的制度,实现了价值尺度的统一。

党徽图案:"斧头"还是"锤头"?

病 例

我心中渐渐有了那一面旗帜,那就是绣着镰刀和斧头的鲜红党旗,而我们在高高飘扬的党旗下茁壮成长。

诊 断

知识错误。中国共产党党旗上绣着的党徽是"镰刀与锤头",而不是"镰刀与斧头"。

辨 析

媒体上有时把党旗上的党徽图案说错。比如,2011年是建党九十周年,有关中国共产党的新闻时见媒体,一些媒体就把党徽上的镰刀与锤头,误说成了"镰刀与斧头"。

其实,党旗实物、党章条文都表明:党徽是"镰刀锤头",不是"镰刀斧头"。中共十八大通过的党章也明确写着:"中国共产党党徽为镰刀和锤头组成的图案。"红色象征革命;黄色的锤子、镰刀代表工人和农民的劳动工具,象征着中国共产党是中国工人阶级的先锋队,代表着工人阶级和广大人民群众的根本利益。

许多人对党徽的错误说法,可能是受了历史上党徽图案不够稳定的影响。从第一次国内革命战争时期到1942年,党徽既出现过镰刀斧头的图案,也出现过镰刀锤头的图案。在1927年以后相当长的一段时期内,党徽图案一直处在一种变动的、不规范的状态中。毛泽东也曾把"镰刀斧头"写进词作。1927年他写过一首《西江月·秋收起义》:"军叫工农革命,旗号镰刀斧头。匡庐一带不停留,要向潇湘直进。地主重重压迫,农民个个同仇。秋收时节暮云愁,霹雳一声暴动。"可见,当时把党徽说成"镰刀斧头"是普遍现象。后来,中共正式做出决议,将"镰刀锤头"确定为党徽党旗的图案。据考,这项决议是在1943年5月的一次政治局会议上做出的。

中国共产党是先进生产力的代表。镰刀锤头的寓意,更符合中国共产党的工人阶级先锋队性质。斧子和锤子,在相当程度上是与不同的生产形态相联系的。斧子,是农民、木匠、伐木工等使用的工具,主要是农民、小手工业者的工具,与大工业的联系不多;而锤子,更多的是大工业中的工人所使用,如钳工、钣金工、锻工等产业工人的工作都离不开锤子。可以说,斧子是农业、小手工业的象征物,而锤子则是大工业的象征物。斧子和锤子所代表的生产力水平是不一样的。中国共产党是工人阶级的先锋队,而工人阶级是与大工业相联系的,所以,中国共产党的党徽采用"镰刀锤头"作标志最合适。

链接

建议将党徽图案的释文改为"镰刀锤子"

《民主与科学》2009年第3期刊载李乔先生的文章:《中共党徽:镰刀斧头,还是镰刀锤头?》。文章说:"虽然我们说党徽图案是'镰刀锤头',但严格来说,'锤头'二字并不十分准确。从工艺学上说,锤子是由锤头和锤柄两部分组成的,锤头只是锤子的一部分,但党徽上的图案是整个锤子,并非仅仅是锤头。所以,对党徽图案的正确解说应该是'镰刀锤子'。建议今后修改党章时将党徽图案的释文改为'镰刀锤子'。"

宦官 ≠ 太监

病例

"宦官"者,太监也。都是由阉割后的男子充任的,这种人难道还会有后嗣么?

诊断

宦官不等于太监。要注意区分不同的历史年代。

辨析

在许多反映明代以前历史的电视剧和文学作品中,都把"太监"和"宦官"当成了一回事。这是典型的误解。熟悉历史的人都知道,在明清之前,"宦官"和"太监"这两个称谓之间,不能简单地画等号。

从出现的时间上看,"宦官"一词,至迟在战国时期就出现了,而"太监"一词,直到辽代才出现。

宦官制度起源较早,《周礼》《礼记》中都有关于宦官的记载。周王朝及各诸侯国大都设置了宦官。当时的宦官一般由身份卑贱的人充当。其来源或由处以宫刑的罪人充任,或从民间百姓的年幼子弟中挑选。秦汉以后,宦官制度更加详备。

宦官,又作"寺人""阉(奄)人""阉宦""宦者""宦人""中官""内官""内臣""内侍"或"内监"等。从"宦"的字义分析,本应包括臣隶及仕官在内,通常人们所言宦海、宦途、宦游,其实仍旧是自"官"而言的。"宦官"或"宦者"成为宫中阉人的专称,大约是秦汉之后的事。战国赵有宦者令;秦汉宦官属少府;隋、唐、宋设置内侍省,用宦官主管。唐宋宦官有直接统率军队者,内部等级森严。明代最高一级宦官为"太监",故明、清泛称宦官为"太监"。宦官本为内廷执役的奴仆,明令不得干预外政,但因接近皇帝,常造成宦官专权的局面,如东汉、唐、明皆是。

其次,战国时期的"宦官"可以不是阉人。宦官"悉用阉人"是东汉以后的事情。而太监和宦官发生联系只是明朝的事情。以"太监"作为宫中阉人的通称,是明清时代的事情。

太监本是古代职官的名称,唐、宋、元时期,朝廷中仍有太监官职的设置,所任者并非都是阉人。唐有中御府大监,《资治通鉴》胡三省注:"大作太。大监或即太监。"辽以太监为少府、秘书、太府诸监长官的官名。元代沿置,为艺文监等府署长官,太府、秘书、中尚、章佩诸监次官,位在太卿、监卿之下。以上各监,除中尚、章佩二监外,所司职务均与宦官无涉,中尚、章佩二监各官也不都是宦官。明代置宦官衙门长官,后在宫廷中设置了由宦官所领的二十四衙门,各设掌印太监一员或多员,秩正四品,专在宫内侍奉皇帝及其家族。永乐以后权力渐大,拥有出使、监军、镇守、侦察臣民等大权,其中司礼监秉笔太监掌批红权,地位尤重。此后,太监逐渐成为宫中阉人带有尊敬色彩的通称。因此,在大明王朝,太监是高级宦官,他们直接管理一般宦官。在明朝,太监和宦官的关系可以这样界定:太监必须是宦官,而宦官却不都是太监。发展到了清朝,"太监"和"宦官"才成为同义语。

链接

明代"二十四衙门"

明代内廷十二监为司礼监、内官监、御用监、御马监(后称尚驷监)、司设监、尚宝监、神宫监、尚膳监、尚衣监、印绶监、直殿监、都知监。十二监下设四司八局。"四司"为惜薪司、宝钞司、钟鼓司、混堂司。"八局"为兵仗局、巾帽局、针工局、内织染局、酒醋面局、司苑局、银作局、浣衣局。十二监、四司八局合称"二十四衙门"。除专司清洗内廷衣物、便器的浣衣局外,其余二十三个单位皆设于紫禁城内。明太祖初期,各监各局编制约百人。至明中后期,多数监局在各省州县皆派驻直属宦官,主管与官内需索有关的业务,并监视疆吏民情以密报内廷,宦官人数达数万。

此时不叫"上海交大"

病例

上海交大、西安交大、西南交大、北方交大等四所交大将联合庆祝交大建校一百周年。上海交大第一任校长何嗣焜的孙媳凌淑平女士、第一任党委书记李培南的夫人戴朋女士向学校送交了实物1400多件,供校史博物馆展出。

诊断

病例中列举的何嗣焜、李培南等人,可以称为"交大"的领导人,但是不能称为"上海交大"的领导人。

辨析

何嗣焜是交通大学的前身南洋公学的第一任总理(当时不称"校长"),任职时间为1897年至1901年。半个多世纪以后,彭康被任命为交大校长兼党委书记。在彭康到任之前,李培南于1952至1953年代理他的职务。他们在任时,世上并没有"上海交大"。"上海交通大学"诞生于1959年。

交通大学前身为南洋公学。辛亥革命后先称南洋大学,后称上海工业专门学校。1921年同唐山工业专门学校、北京邮电学校、交通传习所合并,改名"交通大学"。次年又改称"南洋大学"。1927年改称"第一交通大学"。1928年定名"交通大学"。抗日战争时期迁重庆。抗战胜利后在上海复校。1952年院系调整后,交通大学成为多科性理工类大学。1956年经中央政府批准,迁西安。嗣后1957年,根据内部实际情况及当时上海、西安两地的需要，分设西安部分和上海部分。1959年，经国务院批准，交大两部分分别独立成校，西安部分称"西安交通大学"，上海部分称"上海交通大学"。台湾"交通大学"成立于1979年，校址在新竹市。

> **链接**

西南交大与北京交大

西南交通大学1896年创建于山海关，时称山海关北洋铁路官学堂，是我国创办最早的高等学府之一，也是中国土木工程和交通工程高等教育的策源地。1905年，迁校河北唐山，曾先后定名为唐山交通大学、中国交通大学唐山工学院等。1952年，全国院系调整后，更名为唐山铁道学院。1972年，学校内迁四川峨眉改为现名，并沿用至今。1986年，经国务院批准，在四川省成都市扩建西南交通大学总校，原峨眉校址改为峨眉校区。

北京交通大学作为交通大学的重要组成部分，历史可追溯到1896年，其前身是清政府创办的北京铁路管理传习所，是中国第一所专门培养管理人才的高等学校，是中国近代铁路管理、电信教育的发祥地。1917年改组为北京铁路管理学校和北京邮电学校。1921年与上海工业专门学校、唐山工业专门学校等合并组建交通大学。1923年，交通大学改组后，北京分校更名为北京交通大学。1950年学校定名北方交通大学。2000年4月，与北京电力高等专科学校合并。2003年，学校恢复使用"北京交通大学"校名。

"奉天承运皇帝诏曰"说早了

病例

奉天承运,大唐皇帝诏曰:长安县学萧挺上疏妄言国事,论罪当斩,然,先太宗陛下曾言,我大唐绝不可以言罪人……故,着即刻将萧挺逐出长安县学!钦此,萧挺接旨!

诊断

"奉天承运,大唐皇帝诏曰"的说法,不符合历史。"奉天",遵照天意;"承运",承受天命。封建帝王为了便于统治人民,把自己说成天命所归。明清两代诏书的开头,都用"奉天承运皇帝诏曰"字样。但唐代并无这种说法。

辨析

"圣旨:奉天承运,皇帝诏曰……"这句经典的戏剧对白,相信爱看历史剧的朋友们耳熟能详。可是,这个套语是从明朝朱元璋才开始使用的。如今众多影视剧平白无故地往前推,每个皇帝的圣旨都这样用,就实在太不靠谱了。

而且,"奉天承运"是附加给"皇帝"的定语,把"奉天承运皇帝"断开的读法也是不对的。"奉天承运,皇帝诏曰"云云,割裂了短语的语义结构。文字上的误解,往往是由于语气的不当停顿造成的。

"奉天承运皇帝诏曰"这一诏书套语始自明太祖朱元璋。明太祖《谕西番罕都必喇等诏》有"奉天承运的皇帝教说与……"一语,是为明证。1368年,朱元璋在南京称帝,造了一座富丽堂皇的宫殿,其中一座规模最大的朝会大殿,取名为"奉天殿"。这是朱元璋和大臣们议事的地方。为了向人们昭示他登上皇位是奉天的旨意,也就是进一步阐明自己做皇帝的合法性,他把手拿的玉圭也刻上了"奉天法祖"字样,而且还写了《御制纪梦》一文,说自己梦游天宫,见到了"道法三清",紫衣道士授以真人服饰和法剑,为"奉天承运"找到了事实根据和理论基础。朱元璋自称"奉天承运皇帝",颁发的诏书前面都要加上"奉天承运皇帝"六字。明人笔记中有相关的论述。

其后,这个诏书套语沿用至清朝灭亡。明清两代的诏书并不是都用"奉天承运皇帝诏曰"开头,也有相当一部分诏书开头直接用"皇帝诏曰"或"诏曰"。

链接

名人笔记中"奉天承运皇帝诏曰"的记述

余继登(1544—1600)《典故纪闻》卷一:"元时诏书,首语曰'上天眷命',太祖谓此未尽谦卑奉顺之意,始易为'奉天承运',见人言动皆奉天而行,非敢自专也。"

沈德符(1578—1642)《万历野获编·列朝·更正殿名》:"太祖初定大朝会正殿曰奉天殿,门名亦如之。其后文皇营北京,遂仍其名,毁于火。世宗更其名曰皇极……至隆庆初元,而御史张槚请改仍太祖旧号……按太祖'奉天'二字,实千古独见,万世不可易。以故祖训中云:皇帝所执大圭,上镂'奉天法祖'四字,遇亲王尊行者,必手秉此圭,始受其拜。以至臣下诰敕命中,必首云'奉天承运皇帝'。太宗继之。"

瓦岗寨的小朋友读不到《三字经》

病例

爱憎分明的女中豪杰李蓉蓉上了瓦岗寨，投身文化教育，教瓦岗寨的小朋友读书。她教的是《三字经》："人之初，性本善，性相近，习相远……"（电视连续剧《隋唐英雄传》第19集）

诊断

《三字经》一般认为是南宋学者所作，后代有增改。《三字经》不可能出现在600多年前的隋朝。

辨析

现在国内很多古装剧的拍摄急于求成。一些导演都还没有弄清剧情历史，就筹备拍摄，结果弄出很多洋相。诸如人物、服装、台词、造型，等等，混乱不堪。

《三字经》与《百家姓》《千字文》，是三大国学启蒙读物，并称为"三百千"。《三字经》是中华民族珍贵的文化遗产，共一千多字，三字一句的韵文极易成诵，千百年来，家喻户晓。其内容侧重道德教育，涵盖了道德、历史、天文、地理以及一些民间传说。所谓"熟读《三字经》，可知千古事"。

《三字经》相传为宋代王应麟（1223—1296）所著，明清学者陆续补充，1928年章太炎重订。《三字经》有不同版本，全文字数从1120字至1722字不等。《三字经》中写道："明太祖，久亲师。传建文，方四祀。迁北京，永乐嗣。迨崇祯，煤山逝。"显然在明代以后，也有人完善过此书，才使此书名垂千古。

王应麟,字伯厚,号深宁居士。清代夏之翰《〈小学绀珠〉序》:"迨年十七,始知其《三字经》作者自先生(王应麟),因取文熟复焉,而叹其要而该也。"清代贺兴思《〈三字经〉注解备要叙》:"宋儒王伯厚先生《三字经》一出,海内外子弟之发蒙者,咸恭若球刀(天球与赤刀,古代天子之宝器)。"

不过,明代黄佐《广州人物传》、明末诸生屈大均《广东新语》与清代恽敬《大云山房记》,都以为《三字经》作者应是宋代末年的区适子。

无论如何,在影视剧中让南宋以前的人诵读《三字经》,都是"关公战秦琼"的谬误。

无独有偶。古装历史电视剧《楚汉传奇》中,在秦始皇"焚书坑儒"时,竟有儒生在私塾中教孩童们读《三字经》的镜头!

链接

《三字经》中的一处错误

"若梁灏,八十二,对大廷,魁多士。"这两句说的是北宋梁颢("灏"字系讹误)82岁中状元一事。《宋史·梁颢传》:"景德二年权知开封。……六月,暴病卒,年九十二。"众所周知,《宋史》不精,讹误较多。清人俞正燮《癸巳存稿》考证,梁颢卒年应为"四十二",而非《宋史》所谓的"九十二"。既然他享年只有四十二,又何来"八十二"中状元一事呢?中华书局点校本《宋史·梁颢传》的《校勘记》中明确指出,"前人皆以'年九十二'为非。'九'乃'四'字之误"。章太炎《重订三字经》也不取此说,将原句改为"昔荀卿,年五十,游稷下,习儒业"。

"食色,性也":出自何人之口?

病例

孔子早就说过:"食色,性也。"中国人怎么今天还谈性色变呢?

诊断

有两个错:其一,"食色,性也"不是孔子说的;其二,其中的"性"是人性的意思,不是性爱、性生活的意思。

辨析

"食色,性也"的大意是说:食欲与色欲,是每一个人与生俱来的本性。这句话出自《孟子·告子上》。《孟子》是记载孟子及其弟子的各项活动,以及政治、教育、哲学、伦理等学说和思想的一部著作。全书共分七卷,每卷又分上、下两篇。《告子上》是第六卷《告子》的上篇。该卷开头连续记载了几段告子的议论,因此编撰者便用"告子"作为全卷的名称。其中说得很清楚:"告子曰:'食色,性也。仁,内也,非外也。义,外也,非内也。'"说话的人是告子。孟子与告子辩论中,"食色,性也"是告子的论点之一。告子主张"性无善无不善",与荀子主张的"性恶"及孟子主张的"性善"构成了对人性的三种认识。告子所提出的"食色,性也",是为了证明自己关于性无善无不善论的。告子主张"生之谓性",也就是主张食、色为人类生存所必需。

告子姓告,"子"是古代对有学问的人的尊称。据《孟子》一书的注家、东汉学者赵岐说:告子名不害,是战国时代一位兼治儒家和墨家学说的学者,曾在孟子的门下学习过。也有人说告子是墨子的弟子。近代国学大师梁启超则另有一说——告子可能是孟子的前辈,与孟子进行过激烈的论辩,被孟子指斥为"率天下之人而祸仁义"。告子没有专门的著作留传下来。

有人误以为"食色,性也"是孔子说的。这可能和这句话表达的思想同儒家的学说一脉相承有关。《礼记·礼运》篇中说:"饮食男女,人之大欲存焉;死亡贫苦,人之大恶存焉。故欲恶者,心之大端也。"同样是尊重人性,同样是闪耀着人道主义的光辉,观点大致相同,但不同的话语表述出处不一样,不宜混为一谈。

链接

话说《论语》

《论语》是中国一部传世的儒家经典,用语录体裁记载孔子及其弟子的言语行事。《汉书·艺文志》说:"《论语》者,孔子应答弟子、时人及弟子相与言而接闻于夫子之语也。当时弟子各有所记。夫子既卒,门人相与辑而论纂,故谓之《论语》。"

《论语》约成书于战国前期。至西汉初年,《论语》有三个本子流传:一是《古论语》,汉景帝时由鲁恭王刘馀在孔子旧居墙壁中发现,用古文写成,共二十一篇,把《尧曰》篇中子张问另分为一篇。二是《齐论语》,用今文写成,共二十二篇,多《问王》《知道》两篇。三是《鲁论语》,也用今文写成,共二十篇。

西汉末年,安昌侯张禹先学习《鲁论语》,后来又讲习《齐论语》,把两个本子合二为一。删去《齐论语》中的《问王》《知道》两篇,号《张侯论》,这是《论语》第一次整理、修订。由于张禹是汉成帝的老师,地位尊贵,这一本子为当时儒生所尊奉。东汉末年,大学者郑玄以《张侯论》为依据,参考《齐论语》《古论语》为之作注,这是《论语》第二次整理、修订,是现在通行各本的祖本。汉人把《论语》看作传记,汉文帝时设传记博士,传授《论语》,成为专门学科,同《孝经》一样是士人必读的启蒙之书。东汉时则列为"七经"之一,魏晋以后各朝也均把《论语》列入学官,设博士传授。南宋朱熹把《论语》《孟子》《大学》《中庸》集为《四书》,作《四书章句集注》。朱熹去世后,朝廷将他的《四书章句集注》立于学官,与五经并列。从元仁宗起,直至明清,将它钦定为科举考试的必读教科书。

卓文君在炭炉旁卖酒？

病例

司马相如在西京时何其了得,后妃们都给他送红包,求其词赋,文采之飞扬,神情之得意,可想而知。他一旦回到成都那条街上,与卓文君合开一家小酒馆,卓文君在烫酒的炭炉旁卖酒,而他在一旁欣赏着美丽的太太,也就不过如此了。

诊断

卓文君不是在炭炉旁卖酒,而是在安放酒瓮的土墩子边卖酒。

辨析

当垆(亦作"当炉"),古时卖酒的守在安放酒瓮的土垆边。卓文君当垆卖酒的故事,典出《史记·司马相如列传》:"相如与俱之临邛,尽卖其车骑,买一酒舍酤酒,而令文君当垆,相如身自著犊鼻裈(围裙),与保庸杂作,涤器于市中。卓王孙闻而耻之,为杜门不出。昆弟诸公更谓王孙曰:'有一男两女,所不足者非财也。今文君已失身于司马长卿(相如的字),长卿故倦游,虽贫,其人材足依也,且又令客,独奈何相辱如此!'卓王孙不得已,分予文君僮百人,钱百万,及其嫁时衣被财物。文君乃与相如归成都,买田宅,为富人。"这个典故流传甚广,人们亦常以此借指美女卖酒。比如,唐代李商隐《杜工部蜀中离席》诗:"美酒成都堪送老,当垆仍是卓文君。"宋代陆游《寺楼月夜醉中戏作》诗:"此酒定从何处得,判知不是文君垆。"

"当垆卖酒"的"垆",《史记·司马相如列传》中作"鑪(正体字'炉')",《汉书·司马相如传》中作"盧(简化字'卢')"。字形不同,其义则一,均指安放酒瓮的土墩子,而非炭炉。《史记·司马相如列传》"而令文君当炉",裴骃集解引韦昭曰:"炉,酒肆也。以土为堕,边高似炉。"韦昭所说的堕,犹垛。《汉书·司马相如传》"乃令文君当卢",郭璞曰:"卢,酒卢。"颜师古注:"卖酒之处累土为卢以居酒瓮,四边隆起,其一面高,形如锻卢,故名卢耳。而俗之学者,皆谓当卢为对温酒之火卢,失其义矣。"王先谦补注:"字当作垆,通作炉;卢,则文省也。"而烫酒、煮酒用的炭炉,那上面只能放置酒壶、酒罐,是承受不了偌大的酒瓮、酒坛子的。

链接

说 "炉"

"炉",本指盛火的器具,作冶炼、取暖、烹饪等用。古人饮酒,喜欢温热后再饮。温酒不伤脾胃,能够起到保健作用。同时,经过温热的酒,喝起来更加绵甜可口。此外,温酒还有加热灭菌的功能。《三国演义》中多次写到"煮酒""热酒",都是将酒温热了再喝。温酒时常用到火炉。白居易《问刘十九》诗:"绿蚁新醅酒,红泥小火炉。晚来天欲雪,能饮一杯无。"第二句"红泥小火炉",就是写温酒的器具,十分雅致。

在古代汉语里,"炉"还经常作通假字用,通"鑪""垆""卢",义为古时酒店前放置酒坛的炉形土墩,亦用为酒店的代称。《史记·司马相如列传》中的"当炉卖酒",就是"当垆卖酒",其中的"炉"就是通假字。

武大郎卖的是什么饼?

病例

武大郎还是像以前一样整天早出晚归卖饼。虽然他卖得很努力,但是因为最近天气闷热,没有人愿花钱买这又硬又干的烧饼。

诊断

知识缺陷。武大郎卖的不是烧饼,而是"炊饼",类似于今天不带馅的馒头。

辨析

很多人都以为小说《水浒传》中武大郎卖的是烧饼。其实,武大郎卖的"炊饼",并非烧饼,而是一种实心馒头。

小说《水浒传》中,在潘金莲还没有和西门庆勾搭在一起的时候,武大郎每天早起,挑起做好的一担炊饼出门叫卖。武松离开阳谷县往东京出差,临行前,担忧哥哥被人欺负,曾经交代哥哥武大少做点生意,他说:"假如你每日卖十扇笼炊饼,你从明日为始,只做五扇笼出去卖。"这里所说的"扇笼",就是蒸笼。武大郎卖的炊饼是蒸出来的。《汉语大词典》释"炊饼"为蒸饼,又释"蒸饼"为馒头。可见,炊饼就是馒头一类的食品。

炊饼在古代是一种十分普通的面食。《水浒传》里郓哥准备向武大报信揭发潘金莲与西门庆的私情,武大当即要送十个炊饼以感激他,郓哥嫌"炊饼不济事",要武大请他到酒店吃喝。可见,连市井平民也不以炊饼为美味。馒头(类似于今日的包子)的地位,则要高于炊饼。胡仔《苕溪渔隐丛话》后集卷二十八引《上庠录》说:"两学公厨,例于三八课试日设别馔,春秋炊饼,夏冷淘(冷面),冬馒头,而馒头尤有名,士人得之,往往转送亲识。"

凡是面食,古人皆谓之"饼"。它们的得名,往往与制作方法有关。比如,烙饼是烙制而成的,挂面是挂起来晒干而成的,烧饼是烤制而成的,炊饼是用笼屉蒸制而成的。

炊饼原本叫"蒸饼",因为避宋仁宗的讳,当时的蒸饼就改称"炊饼"了。宋人吴处厚《青箱杂记》卷二说:"仁宗庙讳'祯',语讹近'蒸',今内庭上下皆呼'蒸饼'为'炊饼'。"宋仁宗的名字叫赵祯,"祯"与"蒸"音近,当时人为了避讳,就把蒸饼改呼为"炊饼"。

链接

关于炊饼的最早记载

最早记载炊饼来历的,是魏晋时期的文献,当时称为"蒸饼"。《晋书·何曾传》记载,当时的大官僚何曾生活非常奢侈,每天伙食费达万钱。食品中就有"蒸饼":"(何曾)性奢豪,务在华侈。帷帐车服,穷极绮丽,厨膳滋味,过于王者。每燕见,不食太官所设,帝辄命取其食。蒸饼上不坼作十字不食。食日万钱,犹曰'无下箸处'。"只不过他所吃的炊饼上面还要裂成十字形,也就是今天所谓的"开花馒头"。

"羽扇纶巾"并非专指诸葛亮

病例

戏里,军师、谋士级人物如诸葛亮、徐庶、刘伯温等,摇的多为鸟类毛翎制作的"羽扇"。其质典雅,其形大方。东坡先生干脆就以"羽扇纶巾"代指诸葛孔明,写足了大军师指挥若定的风神。

诊断

苏轼笔下的"羽扇纶巾",指的是周瑜。

辨析

苏轼的千古名词《念奴娇·赤壁怀古》的原文是:"大江东去,浪淘尽,千古风流人物。故垒西边,人道是、三国周郎赤壁。乱石穿空,惊涛拍岸,卷起千堆雪。江山如画,一时多少豪杰。 遥想公瑾当年,小乔初嫁了,雄姿英发。羽扇纶巾,谈笑间、樯橹灰飞烟灭。故国神游,多情应笑我,早生华发。人生如梦,一尊还酹江月。"整首词重点写的是"三国周郎"。"公瑾"是周瑜的字。上阕重在写景,实际是为下阕写风流人物作铺垫。下阕便全从周郎引发。从起句的"千古风流人物"到"一时多少豪杰"再到"遥想公瑾当年",视线不断收束,最后定格在周瑜身上。写周瑜,只写其儒雅风流的气度。不留意的人,容易把"羽扇纶巾"看作是诸葛亮的代称。因为,诸葛亮的装束素以羽扇纶巾著名。

其实,羽扇纶巾作为一种着装习俗,兴起于东汉,最初并不是诸葛亮专用的,而是儒将通常的装束。《汉语大词典》"羽扇纶巾"条的出典书证,引用的是《太平御览》卷七〇二引晋裴启《语林》:"诸葛武侯与宣王(司马懿)在渭滨将战,武侯乘素舆,葛巾,白羽扇,指挥三军。"并解释说:"后因以'羽扇纶巾'谓大将指挥若定潇洒从容。"宋人也多以"羽扇"代指周瑜,如戴复古《赤壁》诗云:"千载周公瑾,如其在目前。英风挥羽扇,烈火破楼船。"

> 链 接

纶巾从"葛巾"来

纶巾,是一种冠名,古代用青色丝带做的头巾。汉魏无"纶巾"之名,史称"葛巾"(用葛布制成的头巾)。晋人张华《博物志》卷九云:"汉中兴,士人皆冠葛巾。建安中,魏武帝造白帢。于是遂废,唯二学书生犹著也。"这种情况延续至晋。宋人李昉等奉敕编撰《太平御览》卷三三六"国子祭酒"条引《齐职仪》云:"晋令,博士祭酒掌国子学,而国子生师事祭酒执经,葛巾单衣,终身致敬。""葛巾"与"羽扇"相连,则是诸葛亮。

"纶巾"之名的出现,大概始于东晋谢安家族。《晋书·谢万传》云:"简文帝作相,闻其名,召为抚军从事中郎。(谢)万著白纶巾、鹤氅裘,履版而前。既见,与帝共谈移日。"谢万为谢安弟。谢氏兄弟如此装扮,应是景仰诸葛亮之大名。

杨贵妃爱穿什么裙子？

病 例

"拜倒石榴裙下"成为崇拜女性的俗语,传说与杨贵妃有关。杨贵妃很喜爱石榴花,平日也总穿着石榴裙。唐明皇就在华清池、西绣岭、王母祠等地广泛栽种石榴供贵妃观赏。

诊 断

说"杨贵妃平日也总穿着石榴裙",缺乏根据;俗语"拜倒石榴裙下"与杨贵妃无关。

辨 析

杨贵妃即"杨太真",是唐玄宗的妃子,很喜爱石榴花。据《白孔六帖》卷九十九《石榴》注引《洪武杂说》云:"绕殿(华清池朝元阁七圣殿)石榴,皆太真所植。"杨太真会"绕殿"(围绕七圣殿)种植石榴,自然与喜爱它有关。但是,喜爱石榴与爱穿石榴裙是两码事。说"杨贵妃平日也总穿着石榴裙",是信口开河,于文献无征。

石榴的花多为红色。石榴裙是比喻造词,本义指大红裙。唐代长安仕女的确喜穿石榴裙。每当她们游春野步遇上名花时,总要设席藉草,以各人的石榴裙递相插挂起来,作为宴饮时的帷幕。然而,杨贵妃却背俗而行。宋代传奇小说《杨太真外传》载:"妃常以假髻为饰,而好服黄裙。天宝末,京师童谣曰:'义髻抛河里,黄裙逐水流。'"可见,杨贵妃喜欢穿的是"黄裙",而不是什么"石榴裙"。童谣唱的正是天宝(742—756)末年,杨贵妃"宛转蛾眉马前死"的故事——她被赐死后,所戴的假髻和所穿的黄裙,随着流水漂逝而去。

也正因为杨贵妃喜着黄裙,所以后代诗歌中,常以"杨妃裙"指代秋天的黄菊花。《百菊集谱》卷三:"《沈谱》云:'徐仲车最好菊……有《菊》诗云:"杨妃只有黄裙在,且问风霜留得无?"所谓杨妃裙,盖菊名也。'"

杨贵妃只爱"黄裙"不爱石榴裙,俗语"拜倒石榴裙下"当然与她无关了。

石榴裙

链接

女性钟爱石榴裙

"石榴裙"出现在诗歌中,不会迟于汉成帝(前32—前7)年间。《乐府诗集·杂歌谣词·黄门倡歌》:"佳人俱绝世,握手上春楼。点黛方初月,缝裙学石榴。"歌中的"缝裙学石榴",就是指佳人们缝制的都是石榴裙。《玉台新咏》卷六何思澄《南苑逢美人》："风卷葡萄带,日照石榴裙。"

唐代的妇女,对裙子特别钟情。除石榴裙外,还有许多别致的款式。初时,裙子窄而瘦长,穿者将裙子提得很靠上,甚至齐到胸乳,故唐诗中有"慢束罗裙半露胸"的句子。到盛唐时,裙子的制作精美华丽,有的价格昂贵,主要式样有间裙、百鸟裙等。间裙,即用两种或两种以上颜色的材料互相间隔和排列而做成的裙子,有红绿、红黄、黄白诸种。百鸟裙,用多种飞禽的羽毛捻成线织成的裙子,因做工考究,故立体感强,"正视为一色,旁视为一色,目中为一色,影中为一色",穿上它"百鸟之状皆见"。白居易《琵琶行》中,描写琵琶女年青时色艺惊人:"曲罢曾教善才服,妆成每被秋娘妒……钿头银篦击节碎,血色罗裙翻酒污。"这"血色罗裙",即石榴裙。唐诗中对石榴裙的描写还有不少,如李白的诗"移舟木兰棹,行酒石榴裙",杜审言的诗"桃花马上石榴裙",武则天的诗"不信比来长下泪,开箱验取石榴裙",等等。唐人小说中的李娃、霍小玉等,也穿石榴裙。

石榴裙一直流传至明清,仍然受到女性的欢迎。《红楼梦》里亦有石榴裙的故事。第六十二回《憨湘云醉眠芍药裀　呆香菱情解石榴裙》,宝钗、香菱、袭人都有石榴裙。

石榴裙在女性服饰中十分重要。于是,俗语中说男人被美色所征服时,就用借代的修辞手法,称之为"拜倒石榴裙下"。

岳飞背上刺的什么字

病例

岳飞的母亲又取来针,让岳飞跪在地上托着小墨盒,在岳飞的脊背上刺了四个字"精忠报国"。她这样做,是为了让岳飞永远记住,要忠于自己的祖国,保卫国家。

诊断

以讹传讹。岳母刺字,刺的是"尽忠报国",而非"精忠报国"。

辨析

媒体上在说及岳母刺字的故事时,每每说成"精忠报国"。其实是弄错了。应该正本清源。

岳飞(1103—1141),字鹏举,南宋军事家、民族英雄,相州汤阴(今属河南)人。少时勤奋好学,并练就一身好武艺。19岁时投军抗辽。不久因父丧,退伍还乡守孝。1126年,金兵大举入侵中原,岳飞再次投军。传说,岳飞临走时,其母姚氏在他背上刺了"尽忠报国"四个大字,这成为岳飞终生遵奉的信条。《宋史·岳飞传》记载,绍兴十一年(1141)岳飞被诬谋反,下狱。秦桧"命何铸鞫(jū,审问)之,飞裂裳以背示铸,有'尽忠报国'四大字,深入肤理。既而阅实无左验,铸明其无辜"。秦桧起初让亲信何铸审问岳飞"谋逆"案。岳飞在辩诬时,扯裂衣裳,将背示何铸,背上深深地刺着"尽忠报国"四个大字。又,《宋史·何铸传》记载,何铸在审问岳飞时,"飞袒而示之背,背有旧涅(niè,染黑)'尽忠报国'四大字,深入肤理"。

今天,杭州岳王庙内最大的碑刻,上面也刻着"尽忠报国"四字。

"精忠"与"尽忠",一字之异,词义迥别。"精忠",是一种评判,是对人的称许;其中的"精",是一个副词,义为"十分""很"。"尽忠",则是对人的一种勉励,希望此人能够忠心耿耿;其中的"尽"是动词,义为全部拿出。"精忠报国"和"尽忠报国"显然有明显的区别。

对岳飞"精忠报国"的评语,是有出处的,有史可考。《宋史·岳飞传》记载:绍兴三年(1133)秋天,岳飞入见皇帝,"帝手书'精忠岳飞'字,制旗以赐之。授镇南军承宣使、江南西路沿江制置使……"不难明白,"精忠"是皇帝对岳飞赤胆忠心的评价。后来,岳飞每次上阵出战,即高擎"精忠"大旗,愈加英勇奋战。

把"尽忠报国"错为"精忠报国",也是有所"本"的——清代小说家钱彩编撰的《说岳全传》。第二十二回"刺精忠岳母训子",编写了岳母刺字的故事,说岳飞"就将衣服脱下半边。安人取笔,先在岳飞背上正脊之中写了'精忠报国'四字,然后将绣花针拿在手中,在他背上一刺,只见岳飞的肉一耸,安人道:'我儿痛么?'岳飞道:'母亲刺也不曾刺,怎么问孩儿痛不痛?'安人流泪道:'我儿!你恐怕做娘的手软,故说不痛。'就咬着牙根而刺。刺完,将醋墨涂上了,便永远不退色的了"。从此之后,岳母刺字的故事遂成定型,而岳飞背刺四字也讹为"精忠报国",以讹传讹,近乎弄假成真。

> 链接

有此一说——岳母刺字实属伪历史

历史学家王曾瑜先生发表文章,认为岳母刺字"尽忠报国"实属伪历史,元明两代无此说。理由是:

其一,岳飞孙岳珂所著的《鄂王行实编年》中就根本没有记述此事。岳飞遇害后被追封为"鄂王"。

其二,从情理上推断,岳母作为一个普通农妇,一般不识字,而当时刺字是一项专门的手艺。《水浒传》第八回说林冲被"刺配远恶军州","唤个文笔匠,刺了面颊"。第十二回说杨志被判刑,也"唤个文墨匠人,刺了两行金印,迭配北京大名府留守司充军",表明宋时并非随便什么人都有刺字的手艺。

其三,在元明时代,大致还没有岳母刺字的故事流传。比如,明末冯梦龙修订《精忠旗》传奇,其第二折"岳侯涅背"则编撰了岳飞请张宪刺背的故事。剧中,岳飞说:"张宪,你把刀来,在我背上深深刻'尽忠报国'四字。"

"薛仁贵"与"薛平贵"

病 例

卫立煌将军访问延安,毛泽东在会议室里亲自接待。毛泽东说:"卫将军,延安没有南京、上海那样的高楼大厦,但是,延安的窑洞冬暖夏凉。我们有像王宝钏那样一颗矢志不变的心哪。"卫立煌说:"毛主席,你可不要把我当作薛仁贵哟。"毛泽东说:"薛仁贵也不错嘛,最终还是跟受穷的王宝钏成为一家人。希望卫将军到延安来,能有回家的感觉。"(电视连续剧《延安颂》第22集)

诊 断

剧中的卫立煌与毛泽东均说错了典故,他们口中的"薛仁贵"应为"薛平贵"。

辨 析

历史上没有薛平贵的记载,只有关于他与王宝钏的民间传说和戏曲。

薛平贵与王宝钏爱情故事的梗概是:唐朝的谏议大臣王允生有三个女儿,幺女王宝钏有沉鱼落雁之容。王公大臣、世家子弟追求者多如过江之鲫。然而,王宝钏却对食量惊人、做粗活的汉子薛平贵情有独钟。经过彩楼抛绣球,王宝钏决定下嫁薛平贵。王允怒而三击掌与女儿断绝父女关系。王宝钏随薛平贵住进寒窑。憨直、勇猛的薛平贵为求上进,从军征战远赴西凉。王宝钏独守寒窑十八载,贫病困顿中等待薛平贵的归来。薛平贵屡历风险,几遭暗算,然而屡闯难关,屡建战功。西凉玳瓒公主暗恋薛平贵多年,并感佩薛平贵、王宝钏坚贞的爱情,不顾自己的生死得失,帮助薛平贵化险为夷。薛平贵平定边关班师回到京都后,唐僖宗欲重用薛平贵,薛平贵却带着王宝钏和玳瓒公主离开京都,重赴边关。

薛平贵与王宝钏的故事,在民间广为流传,也曾以京剧等多个剧种上演。在戏剧《红鬃烈马》中,从《彩楼配》《三击掌》《别窑》《探窑》《武家坡》至《大登殿》,演的都是薛平贵一家子的戏。

而薛仁贵是有史料记载的历史人物。他是山西绛州龙门(今山西河津)人,名礼,字仁贵。隋炀帝大业十年(614)生,唐高宗永淳二年(683)卒,享年七十岁。他一生英勇善战,屡立奇功,官至右威卫大将军兼安东都护,封平阳郡公。他的征战事迹,在《旧唐书》《新唐书》《资治通鉴》中均有记载。

薛仁贵的故事也被编为戏剧上演,但其中并没有王宝钏这个人物。京剧《汾河湾》《独木关》《摩天岭》《樊江关》《徐策跑城》《薛刚反唐》《薛仁贵征东》《薛丁山征西》《三请三休樊梨花》等,演的是薛仁贵一家子的戏。

链接

有此一说——薛平贵故事的由来

很多人都认为:薛仁贵是真实人物,薛平贵则是由薛仁贵故事演变出来的。

《中国京剧》1999年第2期刊发老渊先生的文章《薛仁贵与薛平贵》。文章介绍说,据老辈艺人的传说,某年山西一富户为母庆寿,邀请堂会,演出《汾河湾》等戏。宾客散后,其母询问班主"薛仁贵与柳迎春最后的结局"。班主回称,据师祖传下的话,薛、柳寒窑相见后,仁贵因军务在身,不敢久留,数日后又别妻回到军中。柳氏思夫心切,病逝寒窑。富母听后悒悒于怀,怏怏成病。富子心急如焚,重金礼聘名医为之诊治,百药无效。经一再探问起病根由,名医大悟,便说"心病还须心药医"。于是,富子悬巨赏征求薛仁贵夫妻团圆的剧本。某文人为不违反历史,杜撰了一位"薛平贵",剧名《王宝钏》,情节与上演的薛仁贵戏大同小异。如薛仁贵柳家庄招亲,薛平贵王府为婿;柳员外嫌贫爱富将仁贵、迎春逐出家门,平贵、宝钏因受王父冷眼相待而双双出走;仁贵与平贵两对夫妻皆困居寒窑,为生活所迫而投军;离家十八年的薛仁贵在汾河湾会妻,分别十八载的薛平贵在武家坡夫妻相见。为了迎合富母的心态,新编的戏剧让薛平贵登上了西凉国的王位,王宝钏成了正宫皇后,夫荣妻贵,大团圆结局。新戏演出后富母大喜,病亦霍然而愈。自此之后,京剧舞台上便出现了一个薛仁贵,一个薛平贵。"两薛并存",相安无事。

沙和尚的武器并非月牙铲

病例

孙悟空用的是金箍棒，猪八戒用的是九齿钉耙，沙和尚用的是月牙铲。他们的兵器都有威力。

诊断

沙和尚的兵器不是月牙铲，而是降妖宝杖。

辨析

在电视连续剧《西游记》和许多《西游记》连环画中，在大多数人的心目中，沙僧的武器是这样的：一端为凸形铲、另一端为月牙铲、中间为棍棒形的佛家用具，与《水浒传》中鲁智深用的禅杖是同一种东西。此兵器古称日月铲、月牙铲、方便铲。这是古代僧人云游时的惯用兵器。少林拳谱歌诀上就说："少林月牙铲，大开方便门；魔鬼皆退避，英雄敬三分。"月牙铲很实用，战时可退敌，平时还可以代替扁担负重。在取经的路上，沙僧的主要工作是挑担子，用月牙铲当武器，似乎很合情理。然而，《西游记》原著中沙僧使的并不是这种武器，而是一根降妖宝杖。

《西游记》第二十二回《八戒大战流沙河　木叉奉法收悟净》："八戒举钯架住道：'你是个甚么哭丧杖，断叫你祖宗看杖！'那怪道：'你这厮甚不晓得哩！我这宝杖原来名誉大，本是月里梭罗派。吴刚伐下一枝来，鲁班制造工夫盖。里边一条金趁心，外边万道珠丝玠。名称宝杖善降妖，永镇灵霄能伏怪。只因官拜大将军,玉皇赐我随身带。或长或短任吾心,要细要粗凭意态。……'"从妖怪(沙僧)自己的夸耀和猪八戒的戏谑性的比喻"哭丧杖"看,这一兵器是木制的,形状像棍棒,灵性也接近于孙悟空的金箍棒。

再看第四十九回《三藏有灾沉水宅 观音救难现鱼篮》,沙僧与妖怪对敌,妖怪看见沙僧的兵器,就讥讽他是"磨博士"(博士是古代对专门从事某职业的人的俗称,磨博士指磨面做面食的人),说他手中的兵器是根"擀面杖"。沙僧反驳道:"这般兵器人间少,故此难知宝杖名。出自月宫无影处,梭罗仙木琢磨成。外边嵌宝霞光耀,内里钻金瑞气凝。先日也曾陪御宴,今朝秉正保唐僧。西方路上无知识,上界宫中有大名。唤做降妖真宝杖,管教一下碎天灵。"可见,沙僧兵器的原料是梭罗木。相传,释迦牟尼的母亲扶着梭罗木生下了释迦牟尼,因此梭罗木也被称为仙木或神木。

月牙铲

> 链接

《西游记》中谁人使用月牙铲?

　　铲是一种不多见的兵器,最早是农村用的除草工具。铲杆的前后都装有兵刃,前端是一个弯月形的铲,内凹,月牙朝外;尾部是一个斧状的铲柄,末端开刃。相传,铲最初是佛门兵器。演练时身法轻盈而别致,有推、压、拍、支、滚、铲、截、挑等击法。其招式命名也多与佛教有关。《西游记》原著中,使用月牙铲的是乱石山碧波潭万圣龙王的驸马,唤作"九头驸马"。《西游记》第六十三回:"好妖怪,急纵身披挂了,使一般兵器,叫做月牙铲……那驸马更不心慌,把月牙铲架住铁棒,就在那乱石山头,这一场真个好杀……"

孙悟空被压在哪座山下？

病例

孙悟空大闹天宫，如来出面把孙悟空镇压在五指山下，并用一道符把孙悟空彻底封在五指山下。之后孙悟空非常痛恨地大呼：如来，俺老孙被你们给骗了。

诊断

记忆错误。孙悟空是被压在五行山下，不是压在五指山下。

辨析

五行山是文学作品中虚构的一座山。《西游记》第七回：《八卦炉中逃大圣　五行山下定心猿》，如来佛和孙悟空打赌，如果孙悟空一筋斗翻出如来佛的右手掌，就把天宫让与孙悟空。结果孙悟空输了。小说中写道：

好大圣，急纵身又要跳出，被佛祖翻掌一扑，把这猴王推出西天门外，将五指化作金、木、水、火、土五座联山，唤名"五行山"，轻轻的把他压住。……只见个巡视灵官来报道："那大圣伸出头来了。"佛祖道："不妨，不妨。"袖中只抽出一张帖子，上有六个金字："唵、嘛、呢、叭、咪、吽"。递与阿傩，叫贴在那山顶上。这尊者即领帖子，拿出天门，到那五行山顶上，紧紧的贴在一块四方石上。那座山即生根合缝，可运用呼吸之气，手儿爬出，可以摇挣摇挣。阿傩回报道："已将帖子贴了。"

佛祖的五指巨大如山。孙悟空在翻筋斗的时候，没有翻出佛祖的手掌。后来孙悟空被压在山下，是佛祖施了法术。压住孙悟空的那座山被称为"五行山"。也就是说,我们可以把佛祖的手形容为"五指山",而压住孙悟空的那座山叫"五行山"。

五指山是自然界中的实有之山。狭义的五指山,指海南岛中部偏东的山地,包括母瑞山、白马岭、五指山、七指山、马嘴岭。以形如五指,故名。其中最高峰五指山,为海南岛第一高峰。

链接

弥勒佛,还是如来佛?

《杂文报》曾刊载《神床与佛掌》一文,其中这样写道:"其实,与希腊神床比,《西游记》里的弥勒佛更神,伸出手掌,孙悟空一个筋斗十万八千里,愣打不出弥勒佛的掌心。"

孙悟空到底是打不出谁的掌心?据《西游记》第七回可知,孙悟空大闹天宫,玉帝请的是"如来"前来降伏,而非"弥勒佛"。孙悟空一个筋斗没能打出"如来"的右手掌,被压在了"五行山"下。"弥勒佛"在《西游记》第六十六回中也被提到过,是他用"人种袋"收服了黄眉怪,想来也是"佛法无边"。至于孙悟空一个筋斗能不能打出弥勒佛的掌心,《西游记》中没有说到。

"知己""同怀"不是鲁迅原创

病例

马寅初先生为"新人口论"遭批判写信给陈云,信中引了鲁迅先生的话:"人生得一知己足矣,斯世当以同怀视之。"

诊断

"人生得一知己足矣,斯世当以同怀视之。"这句名言不是鲁迅说的,而是他转录前人的集句。鲁迅曾将这句名言手书成条幅,赠给瞿秋白同志。

辨析

瞿秋白,生于1899年,江苏常州人。原名瞿霜,22岁加入了中国共产党,28岁主持中央全面工作,继陈独秀之后成为全党的最高领袖。后遭王明等打击排挤,去上海抱病工作。"左翼文坛两领导,瞿霜鲁迅各千秋。"(茅盾语)

"人生得一知己足矣,斯世当以同怀视之。"其中的"同怀"谓同胞兄弟姐妹。此语本是清代钱塘人何瓦琴的集句。何瓦琴,名溱,字方谷。金石篆刻家。生活于清嘉庆至同治年间,喜集联。此联之雏形,出自《三国志》卷五十七《虞翻别传》的记载和陆机"修身悼忧苦,感时同怀子"的诗意。

鲁迅非常认同何瓦琴集句所表达的意思,曾把它手书成条幅赠瞿秋白同志,以此表达心心相印的"知己"之情和血脉相连的"同怀"之谊。1933年3月,瞿秋白避居上海北四川路东照里时,这一条幅就挂在其卧室内。鲁迅先生不曾掠人之美。他在集句的上款署"疑仌道兄属",下款署"洛文录何瓦琴句"。"疑仌",即瞿秋白。"仌"读 bīng,古"冰"字。"疑仌"二字合起来为"凝"。瞿秋白笔名"何凝"(有时也写"魏凝")。"道兄",旧称志同道合的人。"属"通"嘱",谓对方请求书写。"洛文",鲁迅笔名。国民党反动派曾通缉鲁迅,污蔑他为"堕落文人"。鲁迅即以"隋洛文"作笔名,表示抗议。

1935年2月,瞿秋白在福建省长汀县被国民党军队逮捕,同年6月18日英勇牺牲。鲁迅得知噩耗后极其悲痛,挥笔写下了一副久传不衰的挽联:"是七尺男儿,生能舍死;作千秋雄鬼,死不还家!"

链 接

"亲爱的同志"瞿秋白

1931年,时在上海养病的瞿秋白,从冯雪峰那里获知了鲁迅的一些情况,便着手细读鲁迅的译文和作品。不久,他由冯雪峰做中介开始与鲁迅通信,很快成了推心置腹的朋友。在秋白写给鲁迅的信里,出现了这样的句子:"我们是这样亲密的人,没有见面的时候就这样亲密的人。"而鲁迅回信也破例以"亲爱的同志"相称。1932年夏秋之间的某日,秋白第一次拜访了鲁迅,不久则有鲁迅的回访。此后一年多的时间,秋白和鲁迅有了相对频繁的、主动或被动的聚叙。因白色恐怖,机关遭受破坏,秋白夫妻先后四次到鲁迅家中避难。

"中国人民站起来了"出自何处?

病例

1949年10月1日是什么日子?是我们中华人民共和国成立的日子。这一天,在天安门广场举行了隆重的开国大典。毛主席在天安门城楼上庄严地宣告:"中国人民站起来了!"

诊断

知识性差错。"中国人民站起来了"这一名言,表达了历经艰难困苦的中华民族获得新生的无比自豪。它是毛泽东在1949年9月21日的政协开幕词中讲的。

辨析

历史是叙述过去发生的事情。对待历史,我们必须尊重它的本来面貌,抱有实事求是之态度,即使是细节也不能张冠李戴。

一些报纸、杂志刊登的回忆中华人民共和国开国大典的文章中,常常有这样一个说法——毛主席在开国大典上庄严地宣布:"中国人民从此站起来了!"一篇关于李敖访问北京的报道中也有这样的话:"来到天安门城楼上,当年毛主席宣布'中国人民站起来了'的地方,李敖赶紧在此留影……"

其实,"中国人民从此站起来了"这一具有重大政治历史意义的名言,是中共党史上80句口号之一,出自毛泽东同志的另一次讲话。1949年9月21日,毛泽东在中国人民政治协商会议第一届全体会议上发表了题为《中国人民站起来了》的开幕词,其中说:"诸位代表先生们,我们有一个共同的感觉,这就是我们的工作将写在人类的历史上,它将表明:占人类总数四分之一的中国人从此站立起来了。……我们团结起来,以人民解放战争和人民大革命打倒了内外压迫者,宣布中华人民共和国的成立了。……我们的民族将再也不是一个被人侮辱的民族了,我们已经站起来了。"同月30日,在毛泽东为这次会议起草的宣言中又指出:"当着我们举行会议的时候,中国人民已经战胜了自己的敌人,改变了中国的面貌,建立了中华人民共和国。我们四万万七千五百万中国人现在是站立起来了,我们民族的前途是无限光明的。"

对共和国历史有兴趣的人一定注意到,开国大典的有关纪录片、录音以及1949年10月2日《人民日报》的有关报道中,有这样的内容:毛泽东主席宣布中华人民共和国中央人民政府成立了,毛泽东主席宣读中央人民政府公告,等等,并没有"毛泽东主席宣布中国人民从此站起来了!"这一表述。

媒体中对于重大历史事件的细节,应该完全符合事物的本来面目。"中国人民站起来了"这一丰碑式的名言,不能弄混它的出处。

链接

有此一说——开国大典不是10月1日

吴思主编的《亲历记:走向1949》一书中有文章提出,"国庆"和"开国大典"并不是一回事。把天安门城楼上那个场景叫作"开国大典",其实是个误解。

这一论断,有《人民日报》当年发表的全部有关报道为证。

请看1949年9月22日《人民日报》第一版的新闻标题：

中华人民共和国开国盛典

中国人民政协开幕

再看"新华社北平二十一日电"的原文："中国人民所渴望的中华人民共和国开国盛典——中国人民政治协商会议，已于今日下午七时在北平开幕。中国人民政协筹备会主任、中国共产党中央委员会主席毛泽东向大会致开幕词。……"

同时发表的《人民日报》社论的题目是：《旧中国灭亡了，新中国诞生了！》。社论开头就旗帜鲜明地揭示："中国人民政治协商会议的开幕，是中国光辉灿烂的人民的新世纪的开端。这是全中国人民空前大团结的会议。这个会议宣告了旧中国的永远灭亡和新中国的伟大诞生。……"

开国盛典已经举行过了，那么，10月1日天安门的盛大集会，又是什么性质？是庆祝中央人民政府成立的盛典。国家与政府是两个概念。放宽尺度，也不妨说：从1949年9月21日第一届人民政协开幕，到10月1日举行中央人民政府成立庆典，可以统称为"开国盛典"，但是决不能只把10月1日的集会称为"开国大典"，而把真正的开国盛典（9月21日的政协会议开幕）给抹杀了。

被烧死的是哪个科学家?

病例

大凡中国人,都知道意大利人伽利略为了坚持自己所坚信的太阳中心理论,被罗马天主教会活活烧死的悲惨故事。

诊断

伽利略(Galileo Galilei,1564—1642)没有被活活烧死,被烧死的是他的前辈布鲁诺(Giordano Bruno,1548—1600)。

辨析

意大利著名科学家伽利里奥·伽利略,利用望远镜观察天体取得大量成果,在天文学上的主要发现有力地证明了波兰伟大的科学家哥白尼的日心说。1632年,伽利略发表《关于两种世界体系的对话》,反对托勒玫的地心体系,用实验证实了哥白尼的日心说,次年遭到罗马教廷异端裁判所判罪管制。他并未被罗马教廷烧死,他只是遭教会的软禁。在伽利略宣布放弃日心说之后,教会还任命他为宗教法庭的法官。1980年,罗马教廷宣布为伽利略平反。

被罗马教廷处以火刑的是伽利略的同胞、文艺复兴时期杰出的科学家布鲁诺。1548年,布鲁诺诞生于意大利南部那不勒斯附近诺拉城的一个贫苦家庭,早年曾加入多明我会。因为信奉哥白尼的"日心说"、怀疑某些天主教教义、反对教会的腐朽制度而被指控为异端,遭到开除教籍的惩罚,以致流亡国外。留英时期,他完成了《论原因、本原和统一》《论无限性、宇宙和诸世界》两本主要著作。他充满激情地宣传哥白尼的"日心说",并且做了许多重要的理论概括、补充纠正和发展,提出了关于宇宙的新理论。他认为:宇宙在时间上和空间上都是无限的。因为空间上无限,宇宙既不可能有一个中心,也没有绝对的边缘。他说:"我们可以十分有把握地断言,整个宇宙到处是中心,或者宇宙的中心处处在。"1592年,布鲁诺被骗回意大利威尼斯后遭到逮捕,关押8年,仍坚持自己的学说,被异端裁判所判为"异端",烧死在罗马。临刑时他高呼:"火不能征服我,未来的世纪将会知道我的价值。"

链 接

日 心 说

日心说,也称"太阳中心说"。认为太阳处于宇宙的中心,地球和其他行星都绕太阳转动。古希腊天文学家阿里斯塔克在公元前3世纪已提出这种看法。但后来托勒玫的地心说却占统治地位。直到16世纪,日心说才又由哥白尼提出并作系统的论述。这个学说阐明地球是一颗普通的行星,否定地心说。这在科学发展史上具有划时代的意义。实际上,太阳只是太阳系中心,而不是宇宙中心。受时代局限,日心说保留了所谓"完美的"圆形轨道等论点。在开普勒总结出行星运动三定律、牛顿发现万有引力定律后,日心说才建立在更加稳固的科学基础上。

菲迪皮茨跑了 42.195 公里？

病例

这位名叫菲迪皮茨的士兵，带着胜利的喜讯，从马拉松跑到雅典城中央广场（全程 42.195 公里），向雅典公民高喊："我们胜利了！庆贺吧！"随即倒地身亡。"马拉松赛跑"就是为纪念这件事而设立的。

诊断

菲迪皮茨跑了 40 公里，而非 42.195 公里。

辨析

公元前 490 年，希腊人在马拉松平原（Marathon）同波斯军队作战获胜，有士兵菲迪皮茨（Phidippides）从马拉松不停地跑到雅典（全程 40 公里）报捷后即死亡。为纪念这一历史事件，1896 年第一届现代奥运会在希腊雅典举行，从马拉松到雅典的赛跑项目，定名为"马拉松赛跑"。菲迪皮茨所跑的路程，是奥运会上马拉松赛跑的距离。

然而，1908 年奥运会在英国伦敦举行，马拉松赛的起点设在温莎堡，终点安排在奥运会场上看台英王爱德华七世的正前方。这段距离正好是 26 英里 385 码，也就是 42.195 公里。对这一距离，其后进行了 16 年的热烈讨论。1924 年第八届奥运会开始，人们把这段长度确定为马拉松比赛的官方长度。

现在，马拉松赛跑已成为一项人们喜爱的运动项目。每年的伦敦马拉松赛吸引 2 万多参加者。1980 年代又兴起"半马拉松"运动,其距离为21公里。比赛的起点、终点均设在田径场里,其余赛程在公路或近似公路的道路上举行。由于不同赛道的倾斜度有别,所以马拉松比赛不设世界纪录,只公布最好成绩。

> **链 接**

马拉松战役——"欧洲出生时的啼哭声"

马拉松战役是希波战争中的一次战役,于公元前490年发生在阿提卡半岛东北部的马拉松平原。雅典及布拉的步兵约1.1万人,在米太亚得率领下,大败登陆的波斯侵略军(约骑兵1万人及步兵5000人),后者撤退。

马拉松战役可以说是雅典,也可以说是整个希腊第一次靠自己的力量击退波斯的一场会战。对于希腊文明在之后三个世纪中所达到的光辉无比的成就而言,马拉松战役无疑是这一成就的最初的台阶。然而,对于希腊和波斯之间的战争而言,马拉松战役的胜败并不具有决定性意义,因为,希波战争一直到公元前449年方告结束。

马拉松战役提高了希腊人的斗志和士气,使以前臣服于大流士(波斯国王)的一些希腊城邦受到鼓舞,他们借此机会起来反抗,宣布独立。巴比伦、埃及以及其他地区同时爆发了起义。这次战役的影响,正如英国著名军事家富勒将军所说的那样,"是欧洲出生时的啼哭声"。

圆明园和"两个强盗"

病例

1900年,八国联军发动侵华战争,咸丰帝避难于避暑山庄,联军攻占北京后大肆抢劫,随后火烧圆明园……

诊断

将发生在清朝后期的两次侵华战争弄混了。火烧圆明园是第二次鸦片战争中英法联军的暴行。

辨析

火烧圆明园,这是一个惯常的说法。其实,火烧的是清朝京西皇家三山五园,焚毁的范围远比圆明园大得多。三山五园是:万寿山、玉泉山、香山三山,清漪园(颐和园前身)、圆明园、畅春园、静明园、静宜园五园。

圆明园本是清朝的皇家园林,始建于康熙年间,占地5000余亩。由圆明、长春、绮春(后改万春)三园组成,合称"圆明三园"。园内楼台殿阁、亭榭轩馆140余处,藏有大量珍贵的图书字画、奇珍异宝等文物。清朝皇帝每到盛夏就来园中避暑,处理军政事务,因此圆明园也称"夏宫"。后毁于兵燹,仅剩下了长春园西洋楼的部分石雕残迹。

圆明园是谁烧的?不少人都误说是八国联军烧毁的。其实,火烧圆明园是第二次鸦片战争(1856—1860)中的事情。第二次鸦片战争,又称英法联军之役。1856年,英国借口广东水师在广州黄埔捕捉中国船"亚罗"号上的海盗,派兵进攻广州;法国借口法籍天主教神甫马赖在广西西林被杀,亦出兵入侵。1857年,英法组成联军,攻陷广州。1860年9月18日,英法侵略军攻陷通州。21日,清军与英法联军在八里桥展开激战,统帅僧格林沁等率先逃走,清军全军覆没。9月22日,咸丰帝等以"北狩"为名,逃奔热河避暑山庄。侵略军一路烧杀抢掠,在清廷长期经营的圆明园大肆抢掠珍贵文物和金银珠宝,并将园内建筑付之一炬。

1861年11月,法国文豪维克多·雨果写了一封信——《就英法联军远征中国给巴特勒上尉的信》,以凛然正气谴责了英法联军的强盗行径。信中说:"有一天,两个来自欧洲的强盗闯进了圆明园。一个强盗洗劫财物,另一个强盗放火。似乎得胜之后,便可以动手行窃了。他们对圆明园进行了大规模的劫掠,赃物由两个胜利者均分……将受到历史制裁的这两个强盗,一个叫法兰西,另一个叫英吉利。"今天,这封信已经收录进中国中学生的语文教材。

而八国联军则指1900年英、美、德、法、俄、日、意、奥八个国家,为镇压义和团运动、乘机瓜分中国而组成的侵华联军。这支军队在当年8月14日攻陷北京。八国联军的入侵,直接造成义和团的被消灭,以及京津一带清军的溃败,迫使慈禧太后挟光绪帝逃往西安。次年,清廷被迫与侵略者签订了《辛丑条约》。八国联军侵占北京时,圆明园已成废园。八国联军在中国烧杀抢掠,也曾闯进圆明园恣意践踏,但和英法联军"火烧圆明园"毕竟不是一本账。

第二次鸦片战争与八国联军侵华战争,都是帝国主义悍然发动的,时间上相差40年,各有各的罪行,不能混为一谈。"八国联军烧了圆明园",在影视、出版物等媒体上频频出现,误导广大受众,显然应予以纠正。

> 链接

"圆明园"名称的含义

圆明园是由康熙皇帝(玄烨)命名的。他的御书匾额,就悬挂在圆明园殿的门楣上方。对园名的含义,其子雍正皇帝(胤禛)解释说:"圆而入神,君子之时中也;明而普照,达人之睿智也。"意思是说,"圆"是指品德圆满,超越常人;"明"是指明光普照,完美明智。

另外,"圆明"还是雍正皇帝自皇子时期一直使用的佛号。雍正崇信佛教,号"圆明居士",对佛法有很深的研究,著有《御选语录》19卷和《御制拣魔辨异录》。在清初的佛教宗派格局中,雍正以禅门宗匠自居,并以"天下主"的身份对佛教施以影响,是佛教发展史上非常重要的人物。康熙皇帝在把园林赐给胤禛时,亲题园名为"圆明园",正是取意于胤禛的佛号"圆明"。

胡适的恩师是哪个"杜威"?

病例

1948年美国大选,共和党候选人杜威承诺,当选后会给中国提供大规模的财政和军事援助,因此蒋介石把宝都押在了胡适的这位恩师身上。

诊断

此"杜威"非彼"杜威"。作为胡适老师的杜威,从未竞选过美国总统。

辨析

美国史上,曾先后出现过三位声名赫赫的杜威,他们在军事、政治、文化等方面各有建树。

其一是美西战争的英雄——乔治·杜威(George Dewey,1837—1917),此公因指挥美国舰队击败西班牙海军而于1903年被授予美国海军特级上将军衔。迄今为止,这依然是美国海军的最高军衔。

其二是实用主义集大成者约翰·杜威(John Dewey,1859—1952),这个杜威才是胡适在哥伦比亚大学时的恩师。1948年时,他已年近九旬,如何还能出来参选总统呢?作为实用主义的集大成者,这位杜威先生的研究范围涉及科学、艺术、宗教、伦理、政治、教育、社会学、历史学、经济学诸方面,1904年到1930年间,他正在哥伦比亚大学哲学系任教,胡适也恰在这一时段在哥大就读,于是接受了他的实用主义思想。这一思想通过胡适等人的介绍,又对新文化运动后的中国知识界产生较大的影响。这个杜威1919年至1921年间曾应邀来中国讲学。胡适写有题为《杜威先生在中国》的短文,文中说:"自从中国与西洋文化接触以来,没有一个外国学者在中国思想界的影响有杜威先生这样大的。"关于实用主义的方法,胡适概括为"大胆的假设和小心的求证",成为流传至今的一句名言。

其三是美国历史上最杰出的政治家之一——托马斯·杜威(Thomas Edmund Dewey,1902—1971),此公是美国共和党的著名政客。1943年—1955年间曾任纽约州州长。1944年、1948年,他两度作为共和党候选人竞选总统,均失败。在1948年美国大选期间,中国正上演国共之间的大决战。蒋介石对共和党总统候选人杜威曾抱有一些幻想,获悉杜威败选,蒋大失所望,其后不久便通电下野,将总统职权交由副总统李宗仁代行。

> 链 接

杜威论教育

从实用主义经验论和机能心理学出发,杜威(John Dewey)批判了传统的学校教育,并就教育本质提出了他的基本观点,即"教育即生活"和"学校即社会"。

教育即生活。杜威认为,教育就是儿童现在生活的过程,而不是将来生活的预备。生活就是发展;而不断发展、不断生长,就是生活。因此,最好的教育就是"从生活中学习、从经验中学习"。教育就是要给儿童提供保证生长或充分生活的条件。由于生活就是生长,儿童的发展就是原始的本能生长的过程,因此,"生长是生活的特征,所以教育就是生长"。教育不是把外面的东西强迫儿童去吸收,而是要使人类与生俱来的能力得以生长。

　　学校即社会。杜威认为,既然教育是一种社会生活过程,那么学校就是社会生活的一种形式。学校应该"成为一个小型的社会,一个雏形的社会"。一是学校本身必须是一种社会生活,具有社会生活的全部含义;二是校内学习应该与校外学习连接起来,两者之间应有自由的相互影响。但是,"学校即社会"并不意味着社会生活在学校里的简单重现。学校作为一种特殊的环境,应该具有三个比较重要的功能:简化和整理所要发展的倾向的各种因素;把现存的社会风俗纯化和理想化;创造一个比青少年任其自然时可能接触的更广阔、更美好的平衡的环境。

冈村宁次是"侵华日军总司令"吗？

病例

侵华日军总司令冈村宁次所佩的一把军刀，在尘封半个多世纪后于4日在浙江省富阳市大源镇露面。

诊断

冈村宁次不是"侵华日军总司令"。

辨析

这是长期流传的一个误解。冈村宁次只是"中国派遣军"总司令。"侵华日军"包括侵华的所有日本陆海空军队。在日本投降前夕，"侵华日军"共分为四个部分：

一、中国派遣军。《辛丑条约》签订后，日本派出了"清国驻屯军"，按条约规定编制400人。1913年10月，改称"中国驻屯军"。此后，中国驻屯军主要驻华北的京津地区。1937年"七七事变"后，日军在华北兵力猛增。8月31日，以中国驻屯军为基干编成华北方面军。"八一三事变"后，日军组成上海派遣军。11月，由上海派遣军和第十军组成华中方面军。1938年2月，华中方面军改组为华中派遣军。1939年9月，日本为扩大侵华战争，在华北方面军和华中方面军基础上，成立"中国派遣军"，统辖在华北、华中、华南等地的日军，总司令部设在南京。第一、第二任总司令官分别是西尾寿造陆军大将、畑俊六陆军元帅。冈村宁次为第三任（也是最后一任）总司令官。至1945年8月日军投降前夕，中国派遣军总兵力105万人。

二、关东军。因日俄战争中日军侵驻我国东北金县、大连地区的关东州而得名。"九一八事变"的直接挑起者。司令部先后设于旅顺、长春。日本全面侵华战争爆发后,关东军兵力剧增,多达近百万人。1945年日本战败前夕,被苏联红军和中国军队歼灭。末任总司令官为山田乙三陆军大将。

三、台湾军。甲午战争后日军侵占台湾时设立。1944年9月,改称第十方面军。至1945年8月,兵力12.8万人。司令官兼台湾总督为安藤利吉陆军大将。

四、中国方面舰队。1932年1月,日军在上海挑起"一·二八事变",派兵进攻上海,同时编组了第三舰队。日本全面侵华后,1937年10月,日军在杭州湾登陆时,日本海军大本营以第三舰队为基础,编成中国方面舰队。1945年8月,辖6.3万人。最后一任司令官为福田良三海军中将。

以上四部分侵华日军,互不隶属。中国派遣军、关东军和台湾军均由陆军大本营直辖,中国方面舰队则听命于海军大本营的调遣。因此,中国派遣军不能指挥关东军、台湾军和中国方面舰队,不能笼统地称冈村宁次是"侵华日军总司令"。冈村宁次1944年11月升任"中国派遣军"总司令官。他所统辖的只是日本驻中国大陆关内的陆军地面部队和航空兵而已。

链接

冈村宁次被判"无罪"

1945年8月日本宣布无条件投降。冈村宁次率侵华日军向中国政府投降,于9月9日在南京签署投降书。1949年1月26日,国民党政府军事法庭在上海宣判日本侵华战犯冈村宁次以及其余260名日本侵华战争罪犯"无罪",并拟于31日将他们"遣返日本"。国民党政府的行为严重伤害了中国人民的尊严。中国共产党要求国民政府重新逮捕日本侵华罪魁冈村宁次,国民党方面加以拒绝,激起举国共愤。

修　辞　篇

商鞅不姓"商"

病例

对于一群没有思考能力、没有是非标准的愚民,最好的方式是下命令。对于来自权力的命令,他们将在一瞬间由绵羊变成豺狼,冲向攻击目标。或许,他们曾经无数次服从并执行过商大人的命令,但此时,在他们看来,商鞅只是一个被押向刑场的囚徒……

诊断

历史知识缺陷。商鞅活着时,不会有人面称其"商大人"。

辨析

无独有偶。中央电视台某期的《大风车》节目,播放了电视短剧《移木赏金》。讲的是战国时期秦国商鞅为推行变法取信于民的故事。剧中人称商鞅为"商大人",这个称呼是不符合历史的。

商鞅(约前390—前338),战国时期的卫国(今河南安阳市)人。著名政治家,先秦法家代表人物。姬姓,公孙氏,名鞅又称卫鞅。卫鞅之"卫",即以国为姓。

商鞅之"商",即以封地为姓。商鞅应秦孝公求贤令入秦,说服秦孝公变法图强。先后担任左庶长(既是爵位,又是官职,左庶长为非王族大臣领政)、大良造(又称大上造。秦孝公时为秦国最高官职,掌握军政大权)。秦孝公二十二年(前340),用计战胜魏军,俘获魏国公子卬,因功封商(今陕西省商洛市东南)、於(今河南内乡东)十五座城邑,号商君,因称商鞅。孝公死后,他受到秦国贵族的诬陷,引起秦惠文王的猜忌,死后被车裂。商鞅在秦执政约二十年,秦国大治,史称"商鞅变法",使秦国长期凌驾于其他六国之上,为后来秦国统一六国奠定了基础。

宋代以前,虽有以官位而称大人,但只是"从旁指目之词"不是面称;"大人"用来当面尊称父母。因此,商鞅的同代人,没人会称他"商大人"。

链接

以封地名和国名为姓氏

中国姓氏文化源远流长,每一个姓都包含其独特的、丰富的文化内涵。有的姓氏来源于封地和国名。兹举数例。

宋:出自子姓。据《新唐书·宰相世系表》所载,公元前10世纪周公平定了武康叛乱之后,商纣王的庶兄微子启受封于宋国,建都商丘(在今河南省)。公元前286年,宋国被齐国所灭。其子孙以原国名"宋"为氏。

赵:伯益后裔造父,拉驯马驾车。周穆王常乘坐造父所驾的马车游巡各地,朝中有事,造父就以熟练的驾车技术及时将车马赶回。造父因驾车马有功,被周穆王封地于赵(山西省洪洞县北赵城),其后人便以"赵"为姓氏。

吴:周武王封仲雍的曾孙于吴(江苏苏州一带),建立吴国。其后代以国名为姓氏。

陈：周武王灭商之后，追封舜的后代妫满于陈（河南淮阳）。据胙土命氏的规定，称陈氏，遂名陈满，字少汤。陈满死后被谥为"陈胡公"，为陈姓的始祖。

马：赵国名将赵奢因战功被赵王封地于马服（今河北邯郸），其子孙从此以马服为姓，后去"服"为马姓。

韩：周武王的小儿子受封于韩（山西省河津县东北），后被晋国灭掉。桓叔的儿子万受封于韩。万的后代以韩为姓氏。

秦：伯益之后有嬴非子。非子擅长养育良马，周王以其育马之功封非子于秦谷（甘肃天水西南），为附庸国。后来，非子的孙子秦仲因功升为诸侯。秦统一天下，建立秦朝。秦灭亡之后，其子孙以秦为姓氏。

慎用"满清"

病例

那部神秘手稿,就是段祺瑞利用电报——这一现代传播手段,开展信息战,从而推翻满清王朝的铁证。

诊断

"满清"是明令禁止的词语,不宜再用。"满清王朝"可改说为"清王朝"。

辨析

随意使用明令禁止的词语,是当代语言文字的乱象之一。如"满清"一语的复活,就是一例。媒体上诸如《满清十三皇》《满清十大酷刑》《老照片中的满清美女们》等,比比皆是。

"满清",意谓满族人建立、统治的国家。"满",是皇太极改的民族名"满洲"的"满"(满族人本是女真的一支,起源于建州女真。天聪九年,即1635年,皇太极继位后,改"女真"为"满洲");"清",是它的国号(明万历四十四年,即1616年,原建州女真首领努尔哈赤建立后金政权。崇德元年,即1636年,皇太极改国号"后金"为"清")。顺治元年(1644)清军入关,夺取明朝中央政权。1911年,清帝退位。

"满清"之说,在清朝末年兴起,盛行于辛亥革命时期,是清代非满族人士对清政府的称呼(清王朝为满人所建立,故名),是在反抗清朝的斗争中逐渐提出的一个概念,带有强烈的排满情绪,可以说是当时大汉族正统观念的反映。如,孙中山先生在

1911年前所撰《与罗斯基等的谈话》一文中说:"今中国人民宜推翻者有两重历史,曰外族满清之入主,曰现代政府之腐败。"又如,鲁迅《三闲集·"革命军马前卒"和"落伍者"》:"他在满清时,做了一本《革命军》,鼓吹排满,所以自署曰'革命军马前卒邹容'。""满清"一说,一直沿用到新中国建立之后。

中华民族,是包括汉族在内的五十六个民族组成的共同体。狭隘的民族主义和大汉族主义的错误,早已引起有识之士的注意。1956年,国务院专门颁布了名为《关于今后在行文中和书报杂志里一律不用"满清"的称谓的通知》的文件。文件指出,沿用历史上的旧称谓,这"可能使满族人民在情绪上引起不愉快的感觉"。令行禁止。当年郭沫若先生所著《甲申三百年祭》一书重印时,书中原来用的"满清"一语,一律被改为了"清朝"。当然,在一些特殊场合,为保存历史文献的真实性,可以一仍其旧。

满族人自己从来没有自称"满清"。"满清"具有一定的历史局限性,是一个早已被废黜的词语。它的误用,关涉民族团结大义,应该引起广大语文工作者,尤其是媒体工作者的高度警觉。

链接

抛弃大汉族主义

大汉族主义者古来有之,起源于中原贵族和古代汉族的统治阶级。一言以蔽之,其要义就是认为中原人的血统文化高于边疆地区。明、清皇朝更迭,汉人的这种优越感一下子被彻底颠覆,于是一些明朝遗老就将之深藏入骨。辛亥革命时期,大汉族主义又重新抬头。当时,以邹容为首的义士们——为了唤起人民参与到资产阶级革命,也利用了这种民粹情结,倡言"皇汉"一说。

1912年1月1日,孙中山发表《中华民国临时大总统宣言书》,意识到大汉族主义的危险,于是提出了"五族共和"论:"国家之本,在于人民。合汉、满、蒙、回、藏诸地方为一国,即合汉、满、蒙、回、藏诸族为一人。是曰民族之统一。"

"匠石"是石匠吗?

病例

(某电视台益智类节目)提问:"'运斤成风'的是谁?"随后主持人公布答案:"石匠。注意,不是木匠,也不是漆匠。"

诊断

该题"答案"值得商榷。典故"运斤成风"中的主角,不是"石匠",而是一个叫"石"的匠人。

辨析

"运斤成风",谓挥斧成风声。形容技术的高妙。寓言出自《庄子·徐无鬼》:"郢人垩(è,白土)漫(涂满)其鼻端,若蝇翼,使匠石斫(zhuó,砍、削)之。匠石运斤成风,听而斫之,尽垩而鼻不伤。郢人立,不失容。"楚国的郢都有个勇敢沉着的人,"匠石"是他的朋友。一次,这个楚人在自己的鼻尖上涂上一层像苍蝇翅膀一样薄的白粉,然后让"匠石"用斧头把白粉削去。只见"匠石"挥动斧头,呼地一声,白粉就被削掉了,而楚人的鼻尖丝毫没有受损。楚人站着,面不改色。

典故中的"匠石",不能解释成"石匠"。

"匠",有专门技术的工人。"匠石",辞书中的解释大致相同。《汉语大词典》的解释是:"古代名石的巧匠……后亦用以泛称能工巧匠或擅长写作的人。"《辞源》的解释是:"名石的匠人。"匠石,"匠"是其职业,而"石"是其名(不是姓,很多平民没有姓)。这种"职业+人名"的命名方式,在春秋战国时期多见。

而"石匠"是指从事开采石料或用石料制作器物工作的工人。从《庄子》原文中看不出这位"匠"到底是什么匠。典故中的匠人使用的工具是"斤",就是我们今天所说砍伐木头的斧子。根据常识,斤当是木匠用的器具。然而,即便如此,我们还是不能断言典故"运斤成风"的主角"石"就是一位木匠,更别说是石匠了。把"匠石"释为石匠,完全是臆想。

链接

古代的一种称谓——"职业+人名"

春秋战国时代,人们称呼以某种技艺为职业的人,习惯在其名字前面加上一个表其职业的词。例如,庖丁,一个名叫"丁"的厨师。轮扁,一个名叫"扁"的造车工人。师旷,一个名叫"旷"的乐师(师,乐官的称谓。西周金文称乐官为"辅师"或"师",春秋时各国多称乐官为"师")。优孟,一个名叫"孟"的优伶(唱戏的演员)。弈秋,一个名叫"秋"的下棋高手(弈,古代对围棋的称呼)。大概是由于这些人处在社会的下层,为了生计而操持某种职业,而他们又在各自的行业内卓有成就,成了代表性的人物,故传其名以示敬仰。

"五斗米"是微薄的官俸吗？

病例

史书上说，陶渊明是一个清高的文人，鄙视流俗，傲然处世，不为五斗米的微薄俸禄而折腰于权贵。

诊断

不了解古代官俸的知识。"五斗米"不是"微薄的俸禄"。

辨析

陶渊明的最后一次做官，是东晋安帝司马德宗义熙元年（405）。那一年，陶渊明在朋友的劝说下，出任彭泽县令。一次，郡里派遣督邮（郡的重要属吏，代表太守督察县乡，宣达教令，兼司狱讼捕亡）来县里了解情况。县吏劝告陶渊明说：那是上面派下来的人，应当穿戴整齐、恭恭敬敬地去迎接。陶渊明听后，长叹了一口气，说："吾不能为五斗米折腰，拳拳事乡里小人邪！"说完，就辞官归田。

坊间的不少课本、选本，以及《辞源》《辞海》《汉语大词典》等大型工具书，都说陶渊明的"五斗米"是微薄的薪俸。很多文章在提及陶渊明的"不为五斗米折腰"时，也都解说为"不为这一点点俸禄而向上级来的官员叩头礼拜"。其实都说错了。"五斗米"是其当县令的日工资，而且还不是日工资的全部。这个日工资应该算是十分丰厚的收入。

晋人荀绰《晋百官表注》说，晋代官员工资是"半钱半谷"制，即钱、米各占一半。以陶渊明所做的县令来说，则是"月钱二千五百,米十五斛"。一斛为十斗。那么,县令一天的工资正好是五斗米和八十三文钱(八十三文钱也是五斗米的价钱)。当时的斗比现代的斗要小得多,每斗合现在 3.2 市斤。那么,五斗米合现在的 16 斤。将官俸的另一半钱也折合成米的话,则县令每天的工资合 32 斤米。这样的工资待遇,在当时来说可谓相当优厚了。然而,陶渊明竟还是"挂冠而去",充分显示了他的清高与傲骨。

如果"五斗米"真的是县令一个月的工资,那可就实在太少了。弃之而去也显示不出多高的气节来。

那么,陶渊明为什么只说五斗米,而不提那八十三文钱呢?其实,这是修辞学上的借代,以部分代整体,以日工资中"谷"的数量来借指整个日工资。而后人既不注意当时官俸的"半钱半谷"制,也未注意他所说的是"日工资",就把"五斗米"当作极其微薄的薪俸。这实在是一个天大的误解。这个误解流传甚久。南宋诗人范成大在诗中说:"怀哉千金躯,博此五斗米!"(《初入湖湘怀南州诸官》)意为以千金之躯,追逐五斗米的官俸——太惨了! 范成大显然也是误以为"五斗米"是微薄的薪俸。

链 接

唐代以前官员的官俸

西汉时,官吏的俸禄实行年薪制,全发粮食。每年领取粮食的重量,就是他们的品秩,于是就有"万石、二千石、六百石"等种种名目。"石",容量单位,十斗为一石(古书中读 shí)。像刘备担任过的县尉这一级,最低年薪是一百石。

从东汉开始,俸禄的形式有了改变,统称为石。实际上是发一部分粮食,发一部分现钱。这个办法颇受官员们欢迎。因为在此之前,官员要用现钱的话,得设法把粮食卖掉或直接用以交换其他物品,到底麻烦一些。陶渊明的那个引起争议的"五斗米",其实也同这种钱谷搭配的俸禄结构有关。

深究起来,陶令的职务收入,还不止这笔由钱谷合成的年薪。从晋代开始,政府又推行"品官占田制",即官员可根据品级高低,向国家领取一块田地,所有权属国家,田里的收获归个人,简称"占田"。实际上这也是职务收入的一部分。

田地、粮食、现钱三位一体的俸禄制度,一直持续到唐代。

"雄关漫道真如铁"正解

病例

鲁迅的历史地位不那么容易动摇。……"雄关漫道真如铁","捧杀"与"骂杀",均无损鲁迅的"硬骨头"。

诊断

误解"雄关漫道真如铁"。毛泽东词中的"漫道",是"枉道"即"莫道",故下接"而今迈步从头越",即雄关算不得什么如铁。

辨析

对这一句词的把握,关键是正确理解"漫道"的含义。常见的有两种误解:一是将"漫道"理解为"漫长的道路",这样一来,仿佛意思就不难理解了,即"雄伟的关口与漫长的道路"。像铁一样牢不可破的雄关与漫道让人感觉到红军长征的无比艰辛。一是将"漫道"理解为"只道、就是",认为雄关牢如铁。可惜,这两种理解与毛泽东的原意相去甚远,是典型的望文生义。

《汉语大词典》对"漫道"的解释是:"莫说、不要讲"。如,唐代王昌龄《送裴图南》诗:"漫道闺中飞破镜,犹看陌上别行人。"毛泽东于1935年2月写的著名词作《忆秦娥·娄山关》,原文是这样的:"西风烈,长空雁叫霜晨月。霜晨月,马蹄声碎,喇叭声咽。雄关漫道真如铁,而今迈步从头越。从头越,苍山如海,残阳如血。"其中的"雄关漫道真如铁,而今迈步从头越",大意是:别说(不要说)有什么坚硬如铁般牢不可破的雄关,现在我们要从头跨越它!为了突出"雄关"和满足"平平仄仄平平仄"的格律要求,词中将"漫道"和"雄关"前后倒置了。"雄关漫道真如铁"即"漫道雄关真如铁"。这样看来,如果切分句中的语气停顿,可以切分为"雄关/漫道真如铁"或者细分为"雄关/漫道/真如铁",而决然不能切分为"雄关漫道/真如铁"。

倒装现象,在旧体诗词中常见。比如,唐代杜甫《秋兴八首》的第八首里,有"香稻啄余鹦鹉粒,碧梧栖老凤凰枝",照字面看,似乎不好解释,要是改成"鹦鹉啄余香稻粒,凤凰栖老碧梧枝",就很顺当。为什么说这样一改就不是好句呢?原来杜甫这诗是回忆长安景物,他要强调京里景物的美好,说那里的香稻不是一般的稻,而是鹦鹉啄余的稻;那里的碧梧不是一般的梧桐,而是凤凰栖老的梧桐。

链接

电视剧名《雄关漫道》商榷

2006年10月,作为纪念红军长征胜利70周年隆重推出的大片,中央电视台一套节目播出了反映贺龙、任弼时等领导的红二方面军长征历史的20集电视连续剧《雄关漫道》。以"雄关漫道"作电视剧的名字,大不宜。估计是也误将"漫道"想当然地理解成"漫漫长途",则"雄关漫道"就寓含红军战士跨越雄关险隘、历经漫漫征途、踏遍千山万水最终走向胜利之意了。但是照这么理解,词中的"雄关漫道真如铁"的意思就变味了,变成:雄伟的关隘、漫长的道路艰险得真的像铁打钢铸一样。这样就极大地降低了毛泽东原词中所蕴涵的红军战士豪迈的英雄气概。

"海上升明月",还是"海上生明月"?

病例

无论你的家乡是否在大海边,相信你都有钟情于海洋的情结。古今中外,人们的诗歌里都歌颂赞美海洋,比如脍炙人口的"海上升明月,天涯共此时",而俄罗斯著名诗人普希金的《致大海》更是以颂歌的形式向大海致敬。

诊断

引文错误。"海上升明月"应为"海上生明月"。

辨析

张九龄的《望月怀远》,被收入《唐诗三百首》,在五言律诗中位列第二。古往今来不少选本,都选了这首诗作。在思乡怀人的散文中常见。特别是每逢中秋佳节,"海上生明月"更是频频现身于报刊,亮相于荧屏,甚至成了某些联欢晚会的会标用语。然而,遗憾的是,"海上生明月"往往被误为"海上升明月",大煞风景。

首先,查考所有权威版本,都是"海上生明月"而不是"海上升明月"。其次,从修辞艺术的角度看,"生"字也不可改说成"升"。

一个"生"字,赋予海水与明月以鲜活的生命,既写活了景物,又表达了情感。诗人拈出一个"出生"的"生"字,不露痕迹地注入了主观想象,把生命和感情赋予了二物,也象征着诗人的情愫随海潮与明月油然而生。从而,表现了水月相依相恋、相映生辉的情态和生机……不难看出,用"生"字才是写诗,才耐人寻味。写作"海上升明月",通则通矣,但诗意淡薄。

"海上生明月,天涯共此时",紧扣诗题,望海上明月升起,不由地想起远在天涯的"情人"。这两句诗,感情深切,致思高远,创造了一幅宁静空灵、清新淡雅的画面,为后面的描写抒情做好了铺垫。

而"海上升明月"呢?虽然和"海上生明月"仅一字之差,但给人的感觉却大异——只是就景写景,大海成了一个地点、一个背景,和月亮的关系显得模糊。原诗中的那种壮阔、雄奇、灵动的气象因此大为减弱,诗的意味亦为之大减。易"生"为"升",不啻化神奇为腐朽。

链接

是"白云生处",还是"白云深处"?

根据多数版本,唐代杜牧的《山行》诗原句是:"远上寒山石径斜,白云生处有人家。停车坐爱枫林晚,霜叶红于二月花。"

唐诗传至宋代,因音义相近或相同而讹误已多,所以也有版本作"深处",也有作"生处"而又注"一作深处"的。但当代多数学者认定是"生处"。"生处"与"深处"不但读音不同,而且更重要的是一字之异,诗的意境因此而大不一样。"深"是形容词,若用"白云深处",只是写了一个静态空间;而杜牧着一"生"字,诗的意境随之大变,形象地表现了白云升腾、缭绕和飘浮的生动情态,也暗示着山的高大。另外,"深处"似已到尽处,而"生处"则又留给读者巨大的想象空间。

"烹小鲜",容易还是困难?

病例

领导者对日常事务不必事必躬亲,不必太拘谨,要有"治大国若烹小鲜"、举重若轻的风度。

诊断

误解名言。"烹小鲜"是一件困难的事,必须十分谨慎。把"烹小鲜"误解为小菜一碟,把"治大国若烹小鲜"理解为举重若轻,是望文生义。

辨析

"举重若轻"是形容深思熟虑、胆识过人,面对困难时能够从容应对,对繁重的工作或困难问题,能够四两拨千斤。多用于领导人处理问题的潇洒风度,和"治大国若烹小鲜"区别很大。

"治大国若烹小鲜",是老子思想的深刻、生动的表述。语出《老子》第六十章。《韩非子·解老》:"工人数变业则失其功,作者数摇徙则亡其功……故以理观之,事大众而数摇之则少其功,藏大器而数徙之则多败伤,烹小鲜而数挠之则贼其泽(失去其光润的鳞次),治大国而数变法则民苦之。是以有道之君贵静,不重变法。故曰:'治大国若烹小鲜。'"相传西汉时有位精研老子学说的道家人物——河上公,他对这句话的解释是:"鲜,鱼。烹小鱼,不去肠,不去鳞,不敢挠,恐其糜也。治国烦则下乱。"三国魏王弼《老子》注中说:"不扰也。躁则多害,静则全真。故其国弥大而其主弥静,然后乃能广得众心矣。"唐玄宗说:"烹小鲜者,不可挠,治大国者不可烦,烦则伤人,挠则鱼烂矣……小鲜,小鱼也,言烹小鲜不可挠,挠则鱼溃,喻理大国者,不可烦,烦则人乱,皆须用道,所以成功尔。"宋徽宗说:"事大众而数摇之,则少成功;藏大器而数徙之,则多败伤;烹小鲜而数挠之,则溃;治大国而数变法,则惑……"

生活经验告诉我们,"烹小鱼"不能随意在锅内翻动,否则会造成糜碎的结果。老子用"烹小鲜"来比喻治大国,便是要提醒国君注意政令不能烦琐,不能朝令夕改,不能乱折腾,否则国家难免会"乱"的。老子的治国不可扰民的主张,源自他的"无为"思想。即在上位者"处无为之事,行不言之教"。只有这样,才能达到"无为无不为"。以烹鱼比喻治国的妙语,对后世产生了深远的影响。美国总统里根1987年的《国情咨文》中也引用"治大国若烹小鲜",强调其保持政策连续性的重要性。

老子总结的是治国之道,以"烹小鲜"之难来告诫治国者要小心谨慎;上述病例作者却视"烹小鲜"为轻而易举的事。这和老子的原意大相径庭。

链 接

老子的"无为而治"

关于老子无为而治的思想,以往普遍的理解是一种"消极"的主张。从字面上讲,"无为"就是无所事事,什么都不做,可见是一种"消极无为的政治态度"。认真体悟《道德经》,不难发现,这样理解失之偏颇。

"无为而治"作为一种国家社会的管理思想,是建立在老子的"道"的哲学思想基础上的。老子认为,"无"是一种无坚不摧的力量。"道常无为而无不为。"(《老子》第三十七章)"天下之至柔,驰骋天下之至坚。无有入无间,吾是以知无为之有益。不言之教,无为之益,天下希及之。"(《老子》第四十三章)在老子的哲学中,"无"并不是一个用来说明"什么都没有"的概念。"无"本身是一种伟大的力量。"无名天地之始。"(《老子》第一章)"无"这种力量不仅创生万物,而且在任何事物中都起作用。"有无相生"(《老子》第二章),而在有无相生中,"无"的作用更大,因为"反者道之动,弱者道之用,天下万物生于有,有生于无。"(《老子》第四十章)

"无为"可以理解为是一种伟大的作为。或者说,"无为"并不是对"为"的简单否定;"无为"本身就是一种"为"。对于"什么都不做",《道德经》是用"不为"这个概念来表述的。这也就是说,"无为"不是"不为",而是"为无为"。正因为"无"是一种伟大的力量,所以"为无为"才能达到"无不治"的效果。

《心经》岂是《多心经》?

病例

"平白地"三个字是此节最有力的描写。下面都是坐着看经念经的身段。"《多心经》都念过",刚刚坐下,应该先翻开盖着经卷的一块方布。

诊断

简称不当。"《多心经》"应为"《心经》"。

辨析

简称是使语言经济的一条途径,但简称必须合理。佛教有一部与《金刚经》《法华经》《华严经》等著名经典齐名的经文——《心经》,全称《摩诃般若波罗蜜多心经》。该经只有二百余字,便于持诵,在佛教中极为流行。然而,这部经常被错误地简称为《多心经》。从古至今,代有其人。宋人刘昌诗在《芦浦笔记》卷四《心经》条中就指出了这一差错:

释氏《心经》,其中自云"般若波罗蜜多",盖梵语也。尝观六一先生《集古跋》,乃书《多心经》。经为"多心",何以为佛?恐公误笔尔。因书以祛见者之惑。

刘昌诗对欧阳修的批评,从佛教义理上看无疑是有一定道理的,"多心经"这一简称是站不住脚的。佛教常识告诉我们,佛教把世界上许多对立的东西都看作是同一的东西,直截了当地提出了许多个"不二"。比如,自他不二、色空不二、死生不二、解行不二、理事不二、苦乐不二、得失不二、时空不二、体用不二、能所不二、定慧不二、心法不二……故而,禅宗六祖大师惠能说,佛法是"不二法门"。可见,佛教是只知有一,不知有二的。至于"心",那就更不能"多"了。

但是,客观地说,欧阳修笔下的"《多心经》",是从俗,而非像刘昌诗所谓的"误笔"。当代著名学者钱锺书先生在《管锥编》中论《太平广记》一书时,有关涉《多心经》一条,他写道:

《孟知俭》(出《朝野佥载》)曰:"一生诵《多心经》及《高王经》。"按卷九二《玄奘》(出《独异志》):"僧授《多心经》一卷。"可征唐人已偶以"般若波罗蜜多"之"多"下属"心"字。……盖流俗以《心经》与《多心经》通用无别。……欧阳修《集古录跋尾》卷六有《唐郑预注〈多心经〉跋》,……(刘昌诗)不知其为从俗而非"误笔"。

无疑,钱锺书先生的看法是中肯的。

《摩诃般若波罗蜜多心经》这一名称,是个中西合璧的译名。其中"摩诃般若波罗蜜多"是梵文音译,后二字"心经"则是中文意译。"摩诃般若"也可简称"般若",意思是大智慧。它是一切世间智慧的本源和实性;"波罗"的意思是彼岸、对岸,引申为"解脱";"蜜多"的意思是"到达","多"只起强化语气的作用,相当于我们汉语的语气词,所以有时省略掉,并不出现。可见,从语文的角度看,把《摩诃般若波罗蜜多心经》省称为《多心经》也是不合理的。

链 接

《摩诃般若波罗蜜多心经》玄奘译本

《心经》有七种汉文译本。其中以译者不详的《摩诃般若波罗蜜大明咒经》(现题后秦鸠摩罗什译)和唐玄奘译的《般若波罗蜜多心经》最为著名。此经说明以"般若"观察宇宙万事万物自性本空的道理,而证悟无所得的境界。这一思想是全部般若学说的核心,故称《心经》。兹录唐玄奘译《般若波罗蜜多心经》如下:

观自在菩萨,行深般若波罗蜜多时,照见五蕴皆空,度一切苦厄。舍利子,色不异空,空不异色,色即是空,空即是色,受想行识,亦复如是。舍利子,是诸法空相,不生不灭,不垢不净,不增不减。是故空中无色,无受想行识,无眼耳鼻舌身意,无色声香味触法,无眼界,乃至无意识界,无无明,亦无无明尽,乃至无老死,亦无老死尽。无苦集灭道,无智亦无得,以无所得故。菩提萨埵,依般若波罗蜜多故,心无挂碍,无挂碍故,无有恐怖,远离颠倒梦想,究竟涅槃。三世诸佛,依般若波罗蜜多故,得阿耨多罗三藐三菩提。故知般若波罗蜜多是大神咒,是大明咒,是无上咒,是无等等咒,能除一切苦,真实不虚。故说般若波罗蜜多咒,即说咒曰:揭谛揭谛,波罗揭谛,波罗僧揭谛,菩提娑婆诃。

误译的歌名《红莓花儿开》

病例

知道"红莓花儿"是什么样子的恐怕不多,但是熟悉苏联歌曲《红莓花儿开》的大概就不少了。在中央电视台举办的各种晚会上,最常演唱的苏联歌曲似乎就是它。年纪大一点的人听见它往往会勾起对青年时代的美好回忆。

诊断

翻译错误。世上并没有"红莓花",准确的译法应为《荚蒾花儿开》或《雪球花儿开》。

辨析

这是一首在我国流传很广的苏联歌曲,由伊萨科夫斯基作词、杜那耶夫斯基谱曲,表达了少女对心上人的思念之情。这首歌也是苏联电影《幸福生活》(原名《库班哥萨克》,1949年至1950年间拍摄。库班,指俄罗斯南部库班河流域,那里是哥萨克的故乡)的插曲。歌词是:

田野小河边,

红莓花儿开,

有一位少年真使我心爱,

可是我不能对他表白,

满怀的心腹话儿没法讲出来!

…………

世界上没有"红莓花"这种植物,是歌词的译者杜撰出来的。

译者孟广钧先生坦诚地回忆说,20世纪40年代末50年代初,我国没有俄华词典,他使用的是日本人八杉贞利编的《露和词典》(岩波版)。俄文Kалина一词在该词典里的释义,系采用学名拉丁文viburnum的音译,用片假名バイバーナム表示的。显然,不能按日文音译成汉语"韦伯纳姆"。于是,译者根据儿时对家乡一种浆果的习惯叫法,"便杜撰出个'莓花'来,再加上原文中的形容词'红'。正好,不管三七二十一,就叫它'红莓花'吧。这就是此名的来历。"(孟广钧《错把荚蒾做红莓》,《大众电影》2001年第3期)于是乎,"红莓花"就在我国根深蒂固了。须指出的是,原文歌词中没有"红"(красная)这个形容词。荚蒾开的是白花,结的果倒是红色的。

荚蒾属忍冬科,荚蒾属,多年生灌木或小乔木,高3米至4米,可扦插、压条、播种繁殖,寿命一般50年至60年。全世界约有200个品种,主要分布在北半球温带地区(欧洲、亚洲、北美和北非),多半生长在树林、灌木丛、草地、河湖岸边。俄罗斯约有10个品种。5月—6月开花,聚伞花序,花为白色。8月—9月结果,俗称荚蒾子。果色鲜红,味微苦,可食用,亦可入药。

链 接

荚蒾在俄罗斯的文化内涵

荚蒾在俄罗斯有丰富的文化内涵。李声权在《从荚蒾花误译为红莓花说起》(原刊《东方翻译》2011年第2期)一文中曾详细描述过:据学者考证,калина是个古斯拉夫语词,专指果实的鲜红颜色,古斯拉夫人认为红色象征着姑娘的美丽、爱情和幸福。春天里一簇簇的荚蒾花竞相开放,雪白耀眼,美丽极了;秋天里一串串的荚蒾子挂满枝头,通红透亮,漂亮极了。在俄罗斯,荚蒾被誉为"婚姻树"。按民间风俗,新娘结婚前要送一条绣着荚蒾叶和荚蒾子的毛巾给新郎,婚宴上要摆放盛开白花的荚蒾枝。农村里如果谁家里生了女孩子,就要在花园里种植荚蒾。据传说,古时候把新生女婴放在荚蒾汁里,用荚蒾叶子给她洗澡,她会长得漂漂亮亮的,长大了能找个好丈夫,生的孩子又乖又聪明。

"六艺"中的"书"是指书法吗?

病例

高安当时还出土了六个带盖的梅瓶,梅瓶也是装酒的,每个瓶子底下都有一个字,写的是"礼、乐、射、御、书、数",古代说的六艺。六艺很有意思。第一是礼,说的是礼节,道德水准……第五是书,书法,形象思维……

诊断

礼、乐、射、御、书、数,是古代教育学生的六门学科,被称作"六艺",即六种才艺。其中的"书",不是指书法,而是指文字之学。

辨析

"六艺"在古代教育中占据十分重要的地位,目的是培养学生的六种基本才能。"六艺"一词,始见于《周礼·保氏》:"养国子以道,乃教之六艺:一曰五礼,二曰六乐,三曰五射,四曰五驭,五曰六书,六曰九数。"

"五礼",指吉礼、凶礼、军礼、宾礼、嘉礼。"六乐",指《云门大卷》《咸池》《大韶》《大夏》《大濩》《大武》六套乐舞。这都是古代著名的礼仪性乐舞。周时保存有完整的这六套乐舞,成为六乐,分别在重大的祭祀活动中使用。"五射",指射箭技术。"五御",指驾驭马车的技术,要求达到"鸣和鸾,逐水曲,过君表,舞交衢,逐禽左"的水平(御车时与车铃相呼应,马车在透迤的岸上曲折行驶不能坠水,驾车经过国君所在地要行礼致敬,车行交错之路时应运转自如合于舞蹈节拍,驾车将禽兽赶到车的左边让国君来射)。"六书",指书写识字,即文字之学,是古人分析汉字的造字方法而归纳的六种条例——象形、指事、会意、形声、转注、假借。"九数",指算法(计数);"数",即数学之数。

中国书法的确是与汉字的形成和发展联系在一起的;但径直把"六艺"中的"书"释为"书法",显然是不确切的。

链接

两个"六艺"

古代"六艺"之说有二:一曰"礼、乐、射、御、书、数";一曰"诗、书、礼、乐、易、春秋"。前者章太炎称之为"小学"内容("小学为礼、乐、射、御、书、数")。其实在夏商周时期,从"小学"到"大学"、从儿童到成人学习的都是这六种技艺。章太炎之所以称之为"小学",可能有两层原因:一是从知识角度来看,此六艺层次尚浅,如"书"是文字认读与书写,"数"是培养初步计算能力,两者被称作"小艺",实属基本技能;二是此"六艺之教,以实用为依归",与后来更具影响的"六艺"有着哲学层面的重大分歧。后者则是由孔子的"六经"发展而成,但与六经并非同一事物。"六艺"是儒家弟子专门研习的六门学科,而六经是这六门学科的经典文献。在二者之中,以"诗、书、礼、乐、易、春秋"为内容的六艺比之"小学"的六艺课程对中国文化的影响更为深远。《史记·孔子世家》在涉及孔子的教育成就时说:"孔子以诗书礼乐教,弟子盖三千焉,身通六艺者七十有二人。"

内蒙古自治区不简称"蒙"

病例

由宁夏收藏协会、《新消息报》、吴忠博物馆、宁夏六维辨证文物鉴定研究所、内蒙古阿拉善盟收藏协会、吴忠市收藏协会、石嘴山市收藏协会、陕西三边文化研究会联办的"在宁、蒙、陕民间寻觅元青花系列活动",于2012年12月22日启动第一主题活动。

诊断

内蒙古自治区不能简称"蒙"(车牌除外)。

辨析

媒体上反复出现一个错误,即把内蒙古自治区简称为"蒙"。这是很不严肃的。事实上,有关工具书和宣传报道都已提示,内蒙古自治区应简称"内蒙古"。

1947年4月23日至5月3日,内蒙古人民代表会议在王爷庙(今乌兰浩特市)召开,会议决定5月1日为内蒙古自治区成立纪念日,民族区域自治在中国第一个得以实现。之所以规定把内蒙古自治区简称为"内蒙古",一方面是为了避免与内蒙古自治区毗邻的蒙古国(1924年成立蒙古人民共和国,1991年改国名为"蒙古共和国",1992年又改国名为"蒙古国")的简称相混淆,另一方面也体现对蒙古国的尊重。按照惯例,在现代汉语中,一国名字的第一个字就是该国家的简称。

"内蒙古"这一简称,是全国34个省级行政区简称中唯一不用一个字简称的。只有车牌上的"蒙"是个特例。因为车牌太小,车牌上"内蒙古自治区"只能简称"蒙"。

> 链 接

省级行政区划的简称

我国共有34个省级行政区——23个省、4个直辖市、5个自治区、2个特别行政区,它们各有自己特定的简称(或别称)。这些"简称"仅有少数几个经过法定。全国人大在决议设置海南省和香港、澳门特别行政区时,在决议改设中央直辖的重庆市时,一并规定了它们的简称。其他大部分始建于元代以来的省区,其简称都是约定俗成的。

23个省的简称(或别称):黑龙江称"黑",云南称"滇"或"云",吉林称"吉",安徽称"皖",山东称"鲁",山西称"晋",广东称"粤",江苏称"苏",江西称"赣",河北称"冀",河南称"豫",浙江称"浙",海南称"琼",湖北称"鄂",湖南称"湘",甘肃称"甘"或"陇",福建称"闽",四川称"川"或"蜀",贵州称"黔"或"贵",辽宁称"辽",陕西称"陕"或"秦",青海称"青",台湾称"台"。

4个直辖市的简称(或别称):北京称"京",天津称"津",上海称"沪",重庆称"渝"。

5个自治区的简称(或别称):宁夏回族自治区称"宁",西藏自治区称"藏",广西壮族自治区称"桂",新疆维吾尔自治区称"新",内蒙古自治区称"内蒙古"。

2个特别行政区的简称(或别称):香港称"港",澳门称"澳"。

"忽如一夜春风来"并非描写春天

病例

春天,一切都在生长,悄无声息地。看不见,摸不着,也不知道什么时候来到你身边。是在那春风春雨滋润的夜晚?还是在那"忽如一夜春风来,千树万树梨花开"的阳光明媚的日子?这满眼的春天的绿,在春天的大地涌动着。

诊断

"忽如一夜春风来,千树万树梨花开",是千古咏雪名句,并非实写梨花。

辨析

《咬文嚼字》编辑部公布的2010年国人十大常犯语文差错,其中有一条是:最容易被误读的古诗名句是——"忽如一夜春风来,千树万树梨花开。"

"忽如一夜春风来,千树万树梨花开",是岑参的边塞诗《白雪歌送武判官归京》中的两句。此诗是一首咏雪送人之作。天宝十三载(754),岑参出塞,充任安西北庭节度使封常清的判官。武某或即其前任。为送他归京,写下此诗。塞外苦寒,北风一吹,大雪纷飞。开篇奇突,诗人将春景比喻冬景,以"春风"使梨花盛开,比拟"北风"使雪花飞舞。全诗是:"北风卷地白草折,胡天八月即飞雪。忽如一夜春风来,千树万树梨花开。散入珠帘湿罗幕,狐裘不暖锦衾薄。将军角弓不得控,都护铁衣冷难着。瀚海阑干百丈冰,愁云惨淡万里凝。中军置酒饮归客,胡琴琵琶与羌笛。纷纷暮雪下辕门,风掣红旗冻不翻。轮台东门送君去,去时雪满天山路。山回路转不见君,雪上空留马行处。"

这两句名诗,描写的是西域秋天的景色。里面的"如"字,清楚地表明诗句是一个比喻,本体是树木上的飞雪,喻体是春天的梨花。"胡天八月即飞雪",中原一带农历八月秋高气爽,而北地已满天飞雪。一个"即"字,惟妙惟肖地写出由南方来的诗人少见多怪的惊奇口吻。梨花色白。"千树万树梨花开",意谓树木上挂着雪花就如盛开的梨花。

> 链 接

《白雪歌送武判官归京》中的边塞雪景

杜甫曾评价:"岑参兄弟皆好奇。"《白雪歌送武判官归京》就体现出一个"奇"字。全诗可分为两个层次:一是描写边塞之雪景,一是抒发送别之惆怅情愫。

开篇,未见白雪而先睹风势,正所谓"笔所未到气已吞"。"北风卷地"四字,由风而见雪。白草,乃西北一种杂草,其性至韧,然经霜干脆,故狂风能断折之(春草则随风俯仰不可"折")。"白草折",暗含风势迅猛。岑参是南阳新野(今河南省南阳市新野县)人,后徙居江陵(今湖北荆州)。南来之客眼中的边塞大漠十分"反常":风卷草折,声声入耳;雪飞八月,令人惊艳。

接着,诗歌展示雪后景色之变幻:一夜之间,大雪覆盖了整个世界。诗人以春花喻寒雪,以南国暖色比北方寒景。本体与喻体反差巨大,形成比喻之新奇。

然后,诗人的目光从帐外收束至帐内,视点转入军营:"散""湿"二字,承前继写雪飞雪落,冷寒潜袭;"狐裘不暖""锦衾薄"

"角弓不得控""铁衣冷难着"等诸多人的感受,则极力渲染天山一带之严寒、边关将士生活之艰辛。

最后,目光再次转至营外,延伸向广远的沙漠和辽阔的天空。"瀚海阑干百丈冰,愁云惨淡万里凝",诗人以夸张笔墨,勾出瑰奇的边塞雪景,浑厚、沉郁。既写出冰天雪地、阴云重重的自然之景,又用"愁""惨"两字,语义双关,营造出伤感的饯别氛围。

这一段雪景描写,回环往复,形成跌宕生姿的旋律,再现了边地瑰丽的自然风光。

古老的"祖国",年轻的"新中国"

修辞篇

病 例

祖国,我的母亲,在欢庆您诞辰60周年之际,我热血沸腾,思绪澎湃。我们有多少贴心的话儿要对您讲,有多少赞美的歌儿要对您歌唱。

诊 断

混淆概念。"祖国"与"新中国"不是一个概念。"祖国"指祖先世代居住的国家,主要是一个文化概念,带有明显的民族情感的认同;"新中国"特指中华人民共和国,主要是一个政治概念。上述例句中的所谓"祖国",其实是新中国,可将其改为"共和国"之类的说法。

辨 析

词典中对于"祖国"的解释是:"祖籍所在的国家;自己的国家"。对于中国人来说,"祖国"就是有长江、黄河,有万里长城,有上下五千年历史的文明古国,是中华民族的国家。

1949年10月1日,中国的历史翻开了新的一页,中华人民共和国成为中国合法的政治主体,如今是联合国安全理事会常任理事国,是世界第二大经济体。1949年以后的中国,俗称"新中国""共和国"。新中国是年轻的,是由56个民族构成的统一多民族国家。1949年出生的人,往往自豪地称自己是"共和国的同龄人"。

每年的国庆期间,许多人经常混淆"祖国"和"新中国"这一对概念。比如,在1994年10月4日央视直播的《祖国万岁》国庆演唱会上,主持人有一句满怀激情的话:"祖国45岁了!"这真让人纳闷:我们的祖国历史悠久,怎么会只有45岁呢?又如,2009年是新中国建立60周年,在相关纪念活动和媒体报道中,"祖国60岁生日""伟大祖国走过60年的光辉历程"频频出现,正确的说法应是"新中国60岁生日""共和国走过60年的光辉历程"。试想:如果祖国只有几十岁,那么,以四大发明为代表的辉煌文化是哪个国家的呢?近代史上的志士仁人抛头颅、洒热血又是为了谁的祖国呢?当下认同中华文化,认同自己是炎黄子孙的海外华人,恐怕更不会认同"祖国"只有几十年的历史吧。

"祖国"是一个具有历史延续性的概念,它根植于世世代代的血缘关系中。在历史进程中,一个国家的社会制度会改变,政权会更替,但制度的改变和政权的更替都不会中断"祖国"的延续性。1949年新中国的成立,并没有割断祖国的历史,而是使我们的伟大祖国进入一个全新的发展时期。

我们的共和国是年轻的,我们的祖国则绵延数千年而不衰。"中国"与"新中国",表示的是不同的概念;"祖国"与"中华人民共和国"也有区别。切莫混淆。

链 接

章乃器与"新中国"

1943年,蒋介石授意由陶希圣执笔,以自己的名义出版了宣传小册子《中国之命运》,书中有"没有国民党,那就是没了中国""中国的命运,完全寄托于国民党"云云。中国共产党机关报——延安《解放日报》针锋相对地发表了题为《没有共产党就没有中国》的社论。当时从事抗战文艺工作的曹火星同志,根据这篇社论的精神编写了歌曲《没有共产党就没有中国》。歌词朗朗上口,曲调铿锵有力,很快就流传了开来。

1949年初,著名的"七君子"之一、爱国民主人士章乃器先生,应邀进入解放区参观。途中,有人唱起了《没有共产党就没有中国》这首歌。在听到"没有共产党就没有中国"这一句时,他感到有些不妥,说:"总是先有中国,后有共产党的……加上一个'新'字,'没有共产党就没有新中国'才比较恰当,也才客观准确。从道理上讲得通,还可以表明新旧中国的不同。"他的这番话得到了在场人士的赞许。不久,章乃器先生见到毛泽东主席,毛主席亲切地对他说:"你提的意见很好,我们已经让作者把歌词改了。"就这样,《没有共产党就没有新中国》这首豪迈动听的歌曲一直传唱至今。

"村长"已走远

病例

番禺石碁镇海傍村村长郭银妹,近日实名举报该村上任村干部违规出租土地。

诊断

目前我国已无"村长""生产队"这一类称谓。"海傍村村长"应是"海傍村村主任"。

辨析

《咬文嚼字》编辑部公布的《2011年十大语文差错》中,有一条是"最容易误用的称谓":"村长"。媒体在报道当下农村新闻时,经常把"村主任"误称为"村长"。比如,"一个村长为什么有这么大的能耐"(标题,《钱江晚报》2013年8月2日),"虽然强烈的自尊心不想让更多的人知道自己的家境,但几经犹豫,17岁的李名坤最终接受了村长的提议,向社会求助"(《澄迈县永发镇彩云村三兄妹面临辍学　村长心酸》,刊于《南国都市报》2013年8月2日)。相声小品中也常说"别把村长不当干部"。这些都使读者和观众误以为一个村的负责人就叫"村长"。其实,我国农村早就不存在"村长"这样一个职务。这是语言运用中的滞后现象。

新中国成立后,我国农村的行政体制几经变化。1958年成立人民公社,实行"三级所有,队为基础"的层级管理制度。"三级"指人民公社、生产大队、生产队。到了20世纪80年代初,人民公社普遍改为乡、镇;下属的生产大队、生产队也随之撤销。乡镇之下设置村,管理的组织称"村民委员会";村下面再分设若干村民小组。如今,"村长"同"人民公社""生产大队""生产队"等一样,早已退出了历史舞台。

"村长"的提法与我国现行的法律也是不相符的。为了保障农村村民实行自治,我国出台了《村民委员会组织法》(1988年6月1日起试行,1998年11月4日第九届全国人民代表大会常务委员会第五次会议通过,2010年10月28日第十一届全国人民代表大会常务委员会第十七次会议修订,2018年12月29日第十三届全国人民代表大会常务委员会第七次会议修正)。该法规定,村民委员会是村民自我管理、自我教育、自我服务的基层群众性自治组织,由主任、副主任和委员共三至七人组成。村民委员会不是一级政府,村民委员会的主要领导叫"村委会主任",简称"村主任"。

"村长"这个称呼,是沿袭下来的民间说法。这一说法在很多地方没有得到及时纠正。有必要强调一点:在公务活动特别是在新闻报道中,应停止使用"村长"这一称谓。依法治国,要从法言法语这些小的地方做起。

> 链 接

"村"本是个贬义词

"村"作为居住单位的名称,在古代是比较后起的。周朝的基层组织中,还没有"村";早期的经史著作,也未见"村"字。宋人胡三省注《资治通鉴》卷二百八十七"张令柔杀平阴十七村民"引项安世《家说》曰:"古无村名,今之村,即古之鄙野也。凡地在国中、邑中,则名之为都。都,美也,言其人物衣制皆雅丽也。……郊外则名之为野,为鄙,言其朴拙无文也。……故古语谓美好为都,粗陋为鄙,本此为义也。隋世已有村名。《唐令》,在田野者为村,置村正一人,则村之为义明矣。"项安世是宋朝人,宋孝宗淳熙年间(1174—1189)进士,著有《项氏家说》等,文中所说的"今",指的是南宋时期。按项氏所说,"村"之取义与"都"相对。"都"在国邑之中,其义为美;"村"在郊外田野,其义为鄙,"言其朴拙无文也"。可见,"村"原本是一个贬义词,意思是与"国"和"邑"相对的"鄙"和"野"。

"进入战时状态"不应滥用

病例

自即日起,全县范围立即进入战时状态,启动战时体系,执行战时纪律。县、乡镇疫情防控指挥部高效运转。

诊断

滥用"战时状态"表述。既不合法律程序,也可能制造不必要的恐慌,容易麻痹民众心理,淡化国防意义上的"备战"意识。

辨析

2020年1月以来,一些地方在防控新冠肺炎疫情中一旦发现新的病例,会立即作出反应,针对突发疫情宣布事发地"进入战时状态"。2021年1月16日,《新华每日电讯》发表评论《滥用"战时状态"不利于抗疫大局》,认为滥用"战时状态",隐患不少。一是可能传递错误的信号,在群众中制造不必要的恐慌,甚至催生谣言、抢购等失序行为。二是动不动就喊"战时状态",容易麻痹民众心理,淡化人们的"备战"意识。"狼来了"喊多了,哪天"狼"真来了,真的进入较为紧急的状态,需要与病毒短兵相接时,反而会丧失应有的警觉,关键时刻"掉链子",影响抗疫效果。三是滥用"战时状态"表述,也有懒政之嫌。

从语言学的角度考察,"进入战时状态"的表述是语言应用中的战争隐喻现象,是军事术语的泛化使用现象。"战时状态"是"战争状态"的同义用语。在一定语境中,适当应用战争隐喻的语言手段,确实有助于营造应急氛围,表述应急要求。但是,军事术语毕竟是用于指称军事概念的规范用语,尤其是与战争相关的重要军事术语,通常含有特定的法律意义。所谓"战争状态"是指一国或一方与另一国或另一方之间通过宣战或实际进入武装对抗所形成的法律状态。在战争状态下,交战国或交战方对内可以依法采取战时动员和管制措施,对外可以断绝与敌国或敌方的外交及其他正常关系。

有论者认为,这次疫情中,战争隐喻在世界范围内被广泛采用,也在世界范围内引起了不小的争论。战争隐喻固然可以增强人们对问题紧迫性的认识,但"敌人""外来入侵者""击败"等隐喻形式将"病毒"修饰成敌人,会在语言层面把无辜的病毒感染者框定为"恶意的对手或敌人",在民众中产生不必要的焦虑。尤其对国家来讲,应对疾病不仅仅是战斗,还应考量人口特征、遗传学、国情和医疗状况。

链接

如何表述和应对突发公共卫生事件

其实,如何表述和应对突发公共卫生事件,相关法律法规已有规定。《中华人民共和国突发事件应对法》第四十三条规定:"可以预警的自然灾害、事故灾难或者公共卫生事件即将发生或者发生的可能性增大时,县级以上地方各级人民政府应当根据有关法律、行政法规和国务院规定的权限和程序,发布相应级别的警报,决定并宣布有关地区进入预警期⋯⋯"第四十九条还规定了公共卫生事件发生后,履行统一领导职责的人民政府可以采取的10项应急处置措施。2003年5月公布、2011年1月修订的《突发公共卫生事件应急条例》,也对应急防控机制作了一系列明确规定。

楚王爱的不是"女人腰"

病例

再看另一个时代,楚王爱的却是细腰。有诗为证:楚王爱细腰,宫中多饿死。女人们为了讨楚王的喜爱,把腰勒得饭都吃不进去了。快要饿死的女人,尽管腰细得盈盈一握,可是还能做什么用?

诊断

不明典故,将楚王喜好的"细腰"误解为女人纤细之腰。其实,此"腰"非彼"腰"。"楚王好细腰"中的"腰",是指臣子之腰。

辨析

细腰,纤细的腰身。"楚王好细腰"是一个著名的典故。"楚王"乃春秋时期的楚灵王(前540—前529在位)。《墨子·兼爱中》记载:"昔者楚灵王好士细要(腰),故灵王之臣皆以一饭为节,胁息然后带,扶墙然后起。比期年,朝有黧黑之色。是其故何也?君说(悦)之,故臣能为之也。"过去,楚灵王喜欢男人细腰。所以灵王的臣子们,都节食吃一碗饭,屏住呼吸然后系腰带,扶着墙然后才能站起身。等过了一年,朝中有的臣子的脸色变得黧黑。这是为什么呢?因为君王好之,所以臣子们都努力去做。这是一则讽刺性很强的寓言,语言看似轻松、诙谐,实则让人深思。墨子通过达官显贵们束腰以求宠信的丑陋举止,讽刺了那些投其所好者。

此典常与"越王好勇"典并举。《晏子春秋·外篇》:"越王好勇,其民轻死;楚灵王好细腰,其朝多饿死人。"《韩非子·二柄》:"故越王好勇而民多轻死;楚灵王好细腰而国中多饿人。"这两则典故反映的是"上之所欲,下必甚焉"的社会现象,常被用来论证"只要国君好贤用贤,就有贤臣"这一观点。《韩非子·二柄》:"故人主好贤,则群臣饰行以要君欲。"

"楚灵王好细腰"是一则政治寓言,与"帝王后妃轶事"无关。

链接

"细腰"与"楚腰"

语言是流动不居的。随着时代的变迁,"楚王好细腰"这一特定时代产生的典故,其具体含义逐渐为人淡忘。大约到了东汉的时候,这一典故已演化为谚语:"吴王好剑客,百姓多创瘢;楚王好细腰,宫中多饿死。"(《后汉书·马援传》)虽然这与本事相去不远,但"宫中"二字让典故的所指变得模糊起来。南朝陈徐陵《〈玉台新咏〉序》:"其中有丽人焉……楚王宫内无不推其细腰;卫国佳人,俱言讶其纤手。"这里就径直把楚王好的"细腰"理解为美女婀娜多姿的纤细之腰了。到了唐朝,"细腰"已特指女子之腰。唐代刘希夷《捣衣篇》:"西北风来吹细腰,东南月上浮纤手。"甚至以此借代美女。唐代温庭筠《杨柳枝》诗之三:"苏小门前柳万条,毵毵(sānsān,毛发、枝条等细长的样子)金线拂平桥。黄莺不语东风起,深闭朱门伴细腰。"还衍生出了"楚腰"一词。唐代杜牧《遣怀》诗云:"楚腰纤细掌中轻。"

林则徐没有"烧毁"鸦片

病例

1839年6月,林则徐在虎门点燃了禁烟的火焰。大火烧了整整23天。

诊断

在虎门,林则徐并没有烧鸦片,而是采取腐蚀浸化的方法销毁鸦片。

辨析

1839年3月10日,林则徐奉命到达广州禁烟。第二天,他命人在辕门外贴出《收呈示稿》和《关防示稿》,宣布要采取禁烟行动。此后,他限定所有烟商三日内交出全数鸦片,并保证以后不再贩鸦片。面对不合作的英国商人,3月19日,他下令禁止外国人离开广州;3月21日下令包围使馆;3月22日下令捉拿英国鸦片走私贩子颠地。英国驻华商务总监义律终于在3月28日向林则徐呈送了《义律遵谕呈单缴烟二万零二百八十三箱禀》,被迫同意缴出全部鸦片。到5月18目,收缴烟土总量有200多万斤。

林则徐之前曾用传统的"焚毁法"销毁鸦片,但烟膏油侵入沙土,吸毒者挖出尘土,仍可以提炼,从中炼出膏油吸食。为此,林则徐改用"水浸腐蚀法"——在虎门海滩高处筑两个大池子,纵横各50米。为防鸦片渗漏,池底铺石,四周钉板。前设涵洞,后透水沟。然后放入珠江水,投入卤水(盐卤),接着把切碎的鸦片投入池中。半天后,再把烧透的生石灰投入。霎时,池水沸腾,蒸汽弥漫,鸦片渐渐溶化。再不停地翻搅池水,直至全溶,使之起化学作用而失效。待江水退潮时,打开前边的涵洞闸门,让池中的废弃物随潮水流入珠江,汇入大海。如此轮番操作,林则徐将缴获的鸦片悉数销毁。从6月3日到25日,共计耗时23天。

链 接

琦善在天津火烧鸦片

天津社科院研究员罗澍伟曾有一份论文,提出:天津曾经是林则徐虎门销烟之前,全国收缴烟土、烟具最多的地方。署理直隶总督琦善于1838年11月16日写给道光皇帝一份关于"焚毁查获烟土情形"的奏折。根据奏折所载,天津大规模的销烟举动发生在1838年11月,比1839年6月的虎门销烟早了八个月。

清王朝决心禁烟时,道光皇帝派琦善至天津、林则徐至广州主持禁烟。琦善到天津后,雷厉风行,没多久,便起获烟土16万多两,总计在1万斤上下。在天津小西关教场附近的空场上,支起十几口大铁锅,锅内注满桐油,锅底则堆着木柴。点着木柴,一时火光熊熊。不多时,便见锅内桐油泛起油花,已烧至滚热。一群士兵抬着装有鸦片的沉重的木箱、包裹轮流跑过来将鸦片投入油锅中烧煮。烟土遇着滚热的桐油,顷刻形成膏状。再将这些膏状物点燃焚烧。一时间,空场上空浓烟四起,充满刺鼻的焦糊味。待浓烟散去,膏状物已变成一堆堆黑色的焦炭。最后将这些焦炭捣碎,抛入海河。

"八路军"的含义

病例

从大道理上讲,八路军是国民革命军第八集团军,凹凸山的八路军虽然在军事上独立,但按道理,在行政上也属于国民政府行政公署管辖。

诊断

八路军的名称含义,不是"国民革命军第八集团军",而是"国民革命军陆军第八路军"。

辨析

八路军是抗日战争时期中国共产党领导的在华北敌后坚持抗日的人民军队。1937年,全面抗日战争爆发后,中国共产党同国民党当局达成协议,将红军改编为国民革命军。8月25日,在陕甘宁边区的红军主力部队改编为国民革命军陆军第八路军,简称"八路军",朱德、彭德怀任正、副总指挥。下辖第一一五师、第一二〇师、第一二九师等部,约4.6万人。9月11日,国民政府军事委员会按全国陆海空军战斗序列,把各路军改编为集团军,并下达命令:八路军改称国民革命军第十八集团军,八路军总部改称第十八集团军总司令部,朱德改任总司令,彭德怀改任副总司令。9月14日,朱德、彭德怀发布八路军改为"第十八集团军"的通令。但此后第十八集团军仍习惯称为"八路军"。抗日战争胜利时,八路军总兵力达102万人。

所以说,"八路军"不是"国民革命军第八集团军",而是"国民革命军第十八集团军"。

> 链　接

"三八式"步枪的得名

《中国秘密战：中共情报、保卫工作纪实》(作家出版社出版)一书提到了"三八式"步枪得名的由来：

"三八式"的得名，确实和抗日战争相关。日军有一种步枪，子弹能够射穿八桶水，威力比中国的汉阳造强大得多，八路军战士对这种战利品爱之如宝，以其制造年份昭和三十八年，称为"三八大盖"。

这就说错了。"三八大盖"中的"三八"，不是指"昭和三十八年"，而是"明治三十八年"。"明治"是日本天皇睦仁(1868—1912)的年号。"三八式"步枪是1905年开始制造的。明治元年为1868年，依此推算，1905年为明治三十八年，故有"三八式"或"三八大盖"之称。"昭和"是睦仁的孙子裕仁(1926—1989)在位时的年号，昭和三十八年是1963年，日本投降是1945年，即昭和二十年。昭和三十八年时，日本战败已十八年，何来"三八大盖"之说？

狼毫是狼毛做的吗？

病例

毛笔是秦朝一位大将发明的,他打猎打死一只野狼,就用狼毛做成毛笔,所以叫狼毫……

诊断

毛笔狼毫的得名,与狼无关,而与黄鼠狼有关。狼毫是用黄鼠狼(黄鼬)的毛做的,故名。

辨析

毛笔是我们远古的祖先在生产实践中发明的,与墨、纸、砚一起,被誉为"文房四宝"。制作毛笔头的主要原料,通常分为狼毫、羊毫、紫毫、石獾、鸡狼毫、猪鬃、山马、牛耳毫等。由于这些动物的产地、品种、雌雄、年龄与生长的季节、所吃的食物、所处的气候水土和健康发育状况等因素的不同,以及取用的毛发部位的不同,毛笔头质量的差别很大。

狼毫笔是用黄鼠狼尾巴毛制作而成。各地产的黄鼠狼尾毛质量差别很大。东北三省产的黄鼠狼尾俗称"东北元尾",又称"北尾""冬尾"等;山海关、张家口、内蒙古自治区一带产的黄鼠狼尾俗称"京东尾";河北、山东、山西、陕西、河南、甘肃、宁夏、安徽、江苏北部等地产的黄鼠狼尾俗称"腹地尾""江北尾";长江以南各地产的黄鼠狼尾俗称"长江尾",又称"江南尾"。这些狼尾,以东北元尾质量最好,毛长劲挺。另外,雄性黄鼠狼的尾毛既粗且长,锋颖细长,刚性强,通常选做狼毫笔的笔柱;雌性尾较雄性尾短小，毛稀疏，毛杆细而柔软，锋颖细腻，颜色较嫩淡，通常选做狼毫笔的披毛。

不少人望文生义，误以为"狼毫"的"狼"是虎狼的狼。

> 链 接

造笔不始于蒙恬

提到毛笔，人们往往会想起"蒙恬造笔"的故事，认为秦代名将蒙恬是毛笔的发明者。《太平御览》引《博物志》曰："蒙恬造笔。"崔豹在《古今注》中也说："自蒙恬始造，即秦笔耳。以枯木为管，鹿毛为柱，羊毛为被。"唐代韩愈《毛颖传》以笔拟人，文中提到蒙恬伐中山，俘捉毛颖，秦始皇宠之，封毛颖为"管城子"。后世遂又以"毛颖""管城子"为笔的代称。

有人对"蒙恬造笔"的说法提出质疑。东汉许慎的《说文解字》说："楚谓之聿，吴谓之不律，燕谓之弗，秦谓之笔。"先秦书籍中没有"笔"字，而"聿"字早在商代就出现了，可见，笔早于秦代就存在了。清代赵翼在《陔余丛考》中的"造笔不始蒙恬"条中写道："笔不始于蒙恬明矣。或恬所造，精于前人，遂独擅其名耳。"解放后的出土文物更证明了这一点。1954年考古工作者在湖南省长沙市左家公山的一座战国墓群中，发掘出一支长约21厘米、直径为0.4厘米的毛笔实物。该笔与现今的毛笔很相似，被认为是我国迄今发现的最早的毛笔实物，称为"战国笔"；又由于长沙古属楚国，该笔还被称为"楚笔"。

铅笔芯不用铅做

病 例

我以前用铅笔时不小心摔了一跤,结果铅笔尖扎进了手掌。现在伤口好了,但还有一小截铅留在肉里了。怎么办?

诊 断

常识性错误。铅笔芯里并不含铅。

辨 析

现在的铅笔并不含铅,而是用石墨和加颜料的黏土做笔芯制造而成的。这样命名,是由于其历史沿革。

由于铅在岩石或墙壁上书写时,会有黑色痕迹,因此在古希腊及罗马时代,人们使用铅制成的铅棒(多为锥形)作为绘图及写字工具。

中国古时,文字书写于绢帛或纸上,若有错误,则以铅粉涂改。古文中有"铅笔"一词,意思是蘸铅粉涂改错字之笔。《东观汉记·曹褒传》:"寝则怀铅笔,行则诵文书。"《文选·任昉〈为范始兴作求立太宰碑表〉》:"人蓄油素,家怀铅笔。"李周翰注:"油素,绢也;铅,粉笔也,所以理书也。"宋代宋祁《自讼》诗:"铅笔用多毛秃落,鬓髩愁罢雪纷垂。"

15世纪时,石墨矿被发现,当时的人并不知道石墨的成分,就称石墨为"黑铅"(blacklead)。大约在1492年,英国开始有人使用石墨制成的笔,就称为"铅笔"。一直到1779年,科学家才知道石墨是碳的一种形式。铅笔由石墨研磨成粉后,与黏土混合，再灌入两片半圆形的木管中制成。近年也有塑胶制的笔杆上市。1790—1793年，法国康德采用黏土将石墨黏结制成笔芯，奠定了现代铅笔工业的基础。

为了适应各种需要，铅笔笔芯中石墨与黏土可以用各种不同的比例混合。其中，石墨含量越高，铅笔越软；黏土含量越高，铅笔越硬。铅笔的软硬程度，用H(hardness)和B(black)来表示。H表示硬度，B表示黑度；HB表示适中。H、2H、3H、4H、5H、6H……表示铅笔的硬度依次增高，B、2B、3B、4B、5B、6B……软度则依次增高。混合比例不同，笔芯的性质与用途也不同。例如，作为素描用的笔芯要软一点、黑一点；学生写作业用的笔芯需要硬一点、颜色浅一点。

链　接

考试为何要用2B铅笔？

按国家标准，根据笔芯石墨浓度，铅笔分为18种型号。标准化考试中，要用2B铅笔涂写答题卡。这是因为读卡的机器是以2B铅笔的墨粉浓度作为标准制造的，过浓或过淡都会造成计算机识读的失败或错误。所以涂卡的时候一定要用2B铅笔。B前面的数字越大，表示笔芯的颜色越浓越黑。如果在考试的时候用5B、6B铅笔，那么在读卡的时候纸张会发生摩擦，容易把多余的石墨粉沾到其他考卷上，可能使答题卡出现误读。

"无糖"食品真的不含糖吗?

病例

"无糖"食品就是不含糖的食品,糖尿病人应该到正规店家选购这类食品。

诊断

不准确。"无糖"不是真的不含糖,而是不含蔗糖。

辨析

糖也叫"碳水化合物",是有机化合物的一类,可分为单糖、双糖和多糖,是人体内产生热能的主要物质,如葡萄糖、蔗糖、乳糖、淀粉等。

从医学角度讲,"无糖食品"这种叫法并不科学。一提到"糖",人们就会想到葡萄糖、蔗糖。而医学上所指的"糖",与我们印象中的糖有很大的差别。医学上的糖又称"碳水化合物",它是单糖、双糖以及多糖的总称。葡萄糖、果糖属于单糖;蔗糖、乳糖、麦芽糖属于双糖;而我们平常所吃的米、面中的淀粉,则是多糖。

"无糖"食品不含蔗糖,但可以含有葡萄糖、果糖、麦芽糖、葡萄糖浆和含有卡路里的替代品,如山梨醇、甘露醇、木糖醇、麦芽糖醇、乳糖醇等。蔗糖,亦称"食糖",是重要的食品和调味品,是葡萄糖与果糖缩合而成的双糖。蔗糖广泛存在于植物界,甘蔗茎和甜菜根含量特别丰富。蔗糖是白色晶体,味甜,经酸或转化酶水解后,可得等分子的葡萄糖和果糖的混合物,称为"转化糖"。我们日常食用的白糖或红糖中的主要成分是蔗糖。

无论哪种糖,只有在肠道中被分解、转化为单糖后,才能被肠道吸收、利用。在各类糖中,人体对单糖的吸收速度最快,蔗糖次之,而淀粉则需要多次分解变为单糖才能被人体吸收,速度较慢。糖尿病病人应避免食用吸收较快的单糖(如葡萄糖)和双糖(如蔗糖),以防止进餐后血糖激增。

链接

糖尿病患者应控制食用"无糖"食品

得了糖尿病之后,不应随意吃糖类食品。但是许多患者不知道的是,有很多无糖食品也不能随意食用。这也是糖尿病患者饮食中应该注意的一个方面。

现在一般说的无糖食品只是没有添加蔗糖而已,采用代糖来增加甜味或采用其他口味的食品,大都是由精制米、面做的,如无糖饼干、无糖面包等。事实上,这些都是血糖生成指数非常高的食品,并不适合糖尿病患者大量食用。

在所有食品中,除精制糖外,米、面等谷类食品中含糖(淀粉)最高,其含量在70%以上。另外,一些豆类,如蚕豆、红豆、绿豆等的淀粉含量在50%左右。在一些根茎类食品中,如甘薯、木薯、山药以及土豆、藕、芋头、百合中皆含有大量淀粉。吃进体内的淀粉,在淀粉酶的作用下,可迅速分解为葡萄糖被机体吸收。因而,从一定意义上讲,吃精制米面就等于在吃精制糖。

词 辨 篇

这部分是2022年本书改由上海教育出版社出版时作者新增补的,共15条语词辨析的内容。这些问题,大都是近些年作者参加上海市期刊编校质量审读时发现的高频差错,以及编辑校对人员时常提出的疑问。这部分内容也可以算作《词误百析》(杨林成著,上海教育出版社2019年8月第3版)一书的补充。

是"流行病暴发",还是"流行病爆发"?

首选"流行病暴发"。"暴发"多用于贬抑的语境和灾害方面,常见的用例如"暴发户""山洪暴发""传染病暴发"等;而"爆发"则多用于表述爆裂的、灼热的、猛烈的自然与社会现象,它们均可称作"火",包括有形的火与无形的火,如"火山爆发""爆发革命"等。在新华社、人民网、《语言文字周报》等主流媒体上,"疫情暴发"的使用数量明显居多,是主流用法;《辞海》"暴发"条的义项①中,也有特别说明——"医学上也指在短期内病例突然大增"。

同样的,是"火爆",还是"火暴"呢? 表示性格急躁、暴躁时,首选"火暴";形容旺盛、热闹、红火时,首选"火爆"。

"鄙人"与"敝人"

"鄙"是粗俗、浅陋的意思,"敝"是破旧、破烂的意思。鄙人、鄙意、鄙见……"鄙"都是直接讲述自己;敝校、敝室、敝帚……"敝"则都是讲述和自己有关的事物。确实有人认为"敝人"的"敝"是别字,因为人不能被称为"破人""烂人";但考之语用实践,"敝人"的用法还是有的。比如,鲁迅先生就曾说过:"敝人向来最赞成一切牺牲,也最乐于'成人之美'。"

"鄙人"和"敝人"均用作谦称,可以算作读音稍有不同的同义词。二者的区别:"鄙人"是从"粗俗、见识不广"角度谦称自己,"敝人"是从"道德品行一般"角度谦称自己。

"登陆网站"?"登录网站"!

"登录网站"是正确的说法。

"登陆"与"登录"泾渭分明。其区别主要有:1.词义不同。"登陆"有两个义项:①登上陆地;②比喻用法,指商品打入某地市场。"登录"也有两个义项:①登记;②注册(特指计算机用户输入用户名和密码,以取得计算机网络系统的认可,见《现代汉语词典》1715页"注册"条的注释)。2.构词方式不同。"登陆"是动宾结构,"登录"是联合结构。

"登陆"的语义重点在"登",即进入;而"登录"的语义重点在"录",即登记。凡是要求注册用户名和密码的,均用"登录",

如"登录邮箱""登录客户端""登录股票账户"等。

"渡过难关"正确吗?

在现代汉语平面,"度"的对象与时间有关,"渡"的对象与空间有关。

"度"是指从一个点到另一个点。"渡"是后起的字,在"渡"出现之前,凡是表示"过"的意思,一概用"度";在"渡"出现后,"度"的任务有所分化。在现代汉语中,用于与时间相关的表达时,一般用"度",如"度日""度假""光阴虚度";用于与空间相关的意义时,用"渡",如"渡河""渡口""渡过难关"。

两者有一个简单的区分方法:"度"是自然而然的、非度不可的,没有人为因素,如你不想度周末也得度周末;而"渡"则须通过主观努力,有着人为因素的意义,如没有船就不能渡河,不是群策群力,"难关"也是渡不过去的。

另外,"渡过难关"是个特殊的情况,是一种比喻性的用法,其中的"难关"比喻前进道路上的急流险滩,一片充满艰险的水域地。也就是说,历经某种困难处境,就像"由此岸到彼岸"一样,所以写作"渡"。

"贯穿"与"贯串"

具体的对象用"贯穿",意思即穿过、连通,如:"京广铁路贯穿大江南北。"

抽象的对象用"贯穿""贯串"都可以,但是首选"贯穿",意思是从头到尾地体现,如:"实事求是的精神贯穿(贯串)我们工作的全过程。"另外,"贯串"还有连贯的意思。

"合家"与"阖家"有什么区别?

"合家"与"阖家"都可以写,用字虽不同,但所表达的意思是一样的,均指全家、家中的所有人。区别是:"合家"显得通俗,多用于比较随意的场合或者口语化表达中;"阖家"显得古雅、庄重,多用在比较正式的场合,比如书信、请柬中,以及给领导或者长辈发送的贺卡、祝福语中。

"合",本谓闭、合拢,引申指会合、统一,再引申指整个、全部,如"合村""合府""合宅"等。

"阖",形声字,从门,盍声,本义是门扇。因门扇有闭合作用,故引申可指闭合这一动作,如"小王的眼皮阖了几阖";门关闭之后,房屋就成了一个与外界完全隔离的空间,故又引申可指全部、整个,如:"阖屋子的人都笑了起来。"

"亟待"?"急待"?

两个说法都有,用法上有些差异:"亟待"多用于庄重场合,"急待"多用于一般场合。

"浇铸"与"浇筑"

"浇铸"的意思是把熔化了的金属等倒入模型,铸成物件;而

"浇筑"在土木建筑工程中指把混凝土等材料灌注到模子里制成预定形体。

"浇铸"义偏重于"铸",浇的是金属等熔化物、液态物,目的是在所浇的熔化物、液态物冷却、凝固之后得到某种铸件,如:"他的身形比起小时候更加完美了,如果说那时他脆弱娇嫩得犹如一件稀世的细瓷器,如今他已是一尊青铜浇铸的威武雕塑了。"

"浇筑"义偏重于"筑",浇的是混凝土等材料,目的是制成建筑物的一部分,如:"混凝土的优点在于,可根据模板浇筑出所需的形状。"

有一个词与"浇铸""浇筑"读音相同,那便是"浇注"。"浇注"是把熔化了的金属、混凝土等注入(模型等),义偏重于"注",强调的是灌注的动作及过程,如:"建筑工人正在楼顶浇注混凝土。"

"橘子"可以写作"桔子"吗?

"橘子"是规范词形。

"桔"与"橘"本来是两种不同的植物。"橘",读 jú,本为树名,即橘子树,果实红黄色,果肉多汁,味甜酸,是一种常见水果,有的地区称"橘柑"。"桔",读 jié,一种多年生草本植物,根可入药,也称"桔梗"。在古代文献中,"橘""桔"两字井水不犯河水,从不混搭。

不过,现代汉语里,许多地方的人都把"桔"当作"橘"的俗字。"桔"字在这个义项上读 jú。现代作家也有以"桔"代"橘"的用例,如著名作家冰心的名篇《小桔灯》。在现代植物学书籍中,也有以"桔"代"橘"的例子。在历来的国家标准性文件、各种工具书,也都把"橘"当成正体字,而把"桔"当成其俗字。《现代汉语词典》明确指出:"'橘'俗作'桔'。"

有学者说,把"橘"写成"桔",可能与民间习俗有关。南方很多地方,现在仍有新年赠"橘"的风俗。"橘"谐音"吉","大橘"谐音"大吉"。赠"橘",是为了表达新年祝福。

"期间""其间"大不同

"期间"不能单独说,它的前面应该加修饰成分,说成"××期间",如"五一期间""会议期间"。

"其间"可以单独说,可作句首状语。"其间"是指某一段时间。从结构上分析,"其"修饰"间",相当于"这""那"等指示代词。在使用的时候,"其间"前面总有一段关于时间的叙述,"其间"承上表示"这段时间里"或"那段时间里"。如果"其间"前面再加上"这"或"那",就重复了。

"前三甲"是个病态的说法

"前三甲"是个病态的说法。"三甲"一词来自封建社会科举考试制度。"三甲",宋代开始指科举考试殿试的中榜者:第一等称为一甲,第二等称为二甲,第三等称为三甲。一甲、二甲、三甲各取若干名,统称进士。到了元、明、清,科举考试有所调整,殿试的中榜者一甲仅取三名,二甲、三甲则各取若干。一甲第一名叫状元,第二名叫榜眼,第三名叫探花。由此可见,"三甲"可以统称中榜者,也可以特指中榜者的第三等。"前三甲"则让人不知所云。如:"他们的奖牌数可能还会增加,最终如能跻身奖牌榜前三甲也绝非偶然。"其中的"前三甲"应改为"前三名"。

"权利"与"权力"

"权力"是一个政治概念,一般是指有权支配他人的强制之力,它总是和服从联结在一起。任何社会都是一定的权力和一定的服从的统一。"权力"有两层含义:一是政治上的强制力量,如"国家权力",就是国家的强制力量,像立法权、司法权、行政权等;二是职责范围内的支配力量,它同一定的职务相联系,即有了一定职务就有了相应的某种权力,如"行使大会主席的权力"。

"权利"是一个法律概念,一般指赋予人们的权力和利益,即自身拥有的维护利益之权。它表现为享有权利的公民有权作出一定的行为和要求他人作出相应的行为。例如:"我国公民依法享有受教育的权利。"权利的行使必须以法律为依据,即依照宪法和法律行使正当的权利。权利和义务相对应而存在。

两者的区别是:一、行使主体不同。权利的行使主体是一般主体,而权力的行使主体主要是国家机关及其工作人员。二、处分方式不同。权利一般可以放弃和转让;而权力必须依法行使,不得放弃和转让。三、推定规则不同。权利的推定规则为"法无明文禁止即可为";而权力只以明文规定为限,否则为越权。四、社会功能不同。权利一般体现私人利益,而权力一般体现公共利益。

"西蓝花"？"西兰花"？

建议首选"西蓝花"。甘蓝的一个变种，通称"绿菜花"。

近年有些人将绿菜花写成"西兰花"。这种写法是不当的，错在名不副实。实际上，绿菜花是菜花（花椰菜）的一种，而不是兰花（春兰、蕙兰、建兰）的一种。菜花是包心菜的一种。包心菜在植物学或蔬菜学上属十字花科，大名叫"甘蓝菜"。绿菜花又名"西蓝花"，名实相符。西蓝花的"西"跟"西红柿"的"西"一样，表明它不是中国的土产，而是从外国传入的。"蓝"，是指甘蓝菜；"花"，是指菜花。准确地说，"蓝花"是甘蓝菜的花蕾。农民种植的甘蓝菜的花蕾，跟生长在山上的或人工培植的单子叶兰科植物兰花毫无关系。《现代汉语词典》有"西蓝花"条，无"西兰花"条。

"制定""制订"各有侧重

"制订"侧重拟定的过程，如"制订工作计划""迅速制订房屋改建的具体方案"。

"制定"侧重最终确定，对象多是比较重大的方针、政策、法律、制度等，如"制定宪法"。

"做贡献/作贡献"之类

习惯上,具体东西的制造一般写成"做",如"做桌子""做衣服""做文章";抽象一点的、书面语色彩重一些的词语,特别是成语里,一般都写成"作",如"作罢""作废""作对""作怪""作乱""作价""作曲""认贼作父"。不过,两可的场合很多。

"作报告""做报告"都可以。文本要做到局部统一。

"作贡献""做贡献"都可以。文本要做到局部统一。

表示充当、当成这一意思时,首选"作",如"叫作""当作""看作""视作"等。

"作"与"做"更详细的区分,可参看杨林成《如何区分"作"与"做"》一文。该文收录在《语言文字规范手册(增订本)》(上海教育出版社2020年11月第1版)。

图书在版编目(CIP)数据

这些知识不太冷:100个最容易出错的自然人文常识辨正 / 杨林成编著. — 上海:上海教育出版社,2022.7
ISBN 978-7-5720-1502-1

Ⅰ.①这… Ⅱ.①杨… Ⅲ.①人文科学－通俗读物 Ⅳ.①C49

中国版本图书馆CIP数据核字(2022)第120956号

责编编辑　李梦露
封面设计　郑　艺

这些知识不太冷:100个最容易出错的自然人文常识辨正
杨林成　编著

出版发行	上海教育出版社有限公司
官　　网	www.seph.com.cn
地　　址	上海市闵行区号景路159弄C座
邮　　编	201101
印　　刷	上海叶大印务发展有限公司
开　　本	889×1194　1/32　印张 7.5
字　　数	175 千字
版　　次	2022年7月第1版
印　　次	2022年7月第1次印刷
书　　号	ISBN 978-7-5720-1502-1/G·1199
定　　价	35.00 元

如发现质量问题,读者可向本社调换　电话:021-64373213